Ecrire : un vrai plaisir !

Du même auteur

* ALESSANDRA, NADEJDA, SABRINA

Nouvelles (BoD, 2012)

* MOBILITE(S)

Repérage dans les parcours de Camus, de Céline, de

Théophile Gautier (BoD, 2013)

* POUR ELLE

Poèmes et autre textes (BoD, 2015)

* PRESENCE CULTURELLE ROUMAINE DANS LE
SUD-OUEST FRANCAIS AUX XIXe ET XXe
SIECLES

Etudes biographiques (BoD, 2019)

* LE DEFI ARTISTIQUE

Essai (BoD, 2021)

Illustrations : Jean-Luc Netter

Jean-Luc Netter

ECRIRE : UN VRAI PLAISIR !

Déployez votre créativité

Conseils pratiques   Exercices

SOMMAIRE

Avant-propos...11

Chapitre 1 : Réflexions sur l'écriture....................23

Chapitre 2 : Abécédaire..55

Chapitre 3 : Produire de l'écrit...........................129

Conclusion..177

Ecrire est un apaisement de soi-même.

J. Barbey d'Aurevilly

(écrivain 1808-1889)

AVANT-PROPOS

La démarche proposée dans cet ouvrage permet de s'interroger sur la place de l'*expression*. Avec elle, une première composante, l'imaginaire - cet espace de pensée propre à l'être humain - est sollicité dès lors que l'acte d'écrire revêt un caractère créatif, fictionnel. L'autre composante, c'est l'imagination - cette faculté de concevoir - qui permet quant à elle d'élaborer des situations, d'inventer des univers qui sont à la marge du vécu de celui qui rédige. Le temps de l'écriture, il s'autorise ainsi à vivre autre chose que son propre quotidien. Par l'écriture créative, l'individu s'évade.

Face aux différents blocages qui affectent le

processus d'élaboration du récit, ce petit ouvrage accompagne le lecteur (1), avec bienveillance lors de son propre cheminement créatif qui participe à la libération de sa créativité, de sa liberté. Ecriture et développement de soi peuvent se conjuguer dans un même élan créateur. Dès lors, surfez avec plaisir sur les rives de la narration, de la fiction. Sachez déployer votre inspiration et imposer de la justesse dans vos productions. Au fil de cet apprentissage progressif et ludique, vos potentialités spécifiques, votre talent d'écriture insoupçonné émergeront et seront alors mis en valeur.

L'acte d'écrire peut donc se vivre également (en conscience ou non) comme un acte thérapeutique. Il permet l'accouchement de ressentis parfois trop puissants contenus en soi. N'ayant pas l'occasion d'être verbalisés, les déposer sur une feuille, éventuellement sur le clavier d'un ordinateur, se révèle profondément salvateur, cathartique. Ici, on se retrouve en marge d'une production purement créative, fictionnelle ou même romanesque. Le but recherché s'inscrit davantage dans le cadre d'un vagabondage émotionnel, exprimé en toute authenticité. Il permet dès lors d'exprimer un trop plein en matière de sensibilité. " Ecrire, c'est réparer la blessure fondamentale, la déchirure.

(1) Afin de faciliter la lecture du présent ouvrage, nous avons employé le masculin comme genre neutre pour désigner aussi bien les femmes que les hommes.

Parce que nous sommes tous blessés... ", écrivait en 1970, Alejandra Pizarnik, poétesse argentine.

Cependant, il faut admettre que même dans une écriture créative, narrative, fictionnelle, l'auteur libère également *du Soi*. Sans être totalement autobiographique, le contenu des écrits renferme bien souvent des aspects personnels. Il intègre *naturellement* des éléments qui constituent la personnalité de l'auteur. Leur émission n'est certes pas réalisée dans l'optique d'une libération consciente de ce qui obstrue, encombre la psyché de la personne. Néanmoins, toute production issue d'un acte d'écriture est corrélée avec la matière psycho-affective de son auteur. Ainsi, l'acte d'écrire est-il particulièrement complet en matière d'expression.

A la différence des ateliers d'écriture où l'écrivant (2) s'exprime et communique en compagnie d' autres participants, la démarche développée dans cet ouvrage est plus personnelle. Elle peut représenter une étape préparatoire à une participation collective d'écriture. Elle permet de mettre ainsi un pied à l'étrier. Elle entretient les facultés créatrices, imaginatives, donne la possibilité de créer un matériau, une trace, en lien avec ses propres pensées, son intellect, ses ressentis. L'objet utilisé peut revêtir beaucoup d'importance : le crayon graphite, le stylo à bille ou les touches de l'ordinateur (si vous êtes à l'aise avec l'utilisation d'un clavier) sont autant de moyens de laisser une empreinte ; cependant, il conviendra à chacun de reconnaître celui qui lui sera le plus adapté pour se libérer. Le plaisir d'écrire passe également par l'outil utilisé.

Dans le cas de l'ouvrage actuel, le crayon s'avère être le bienvenu. Les appellations le concernant sont multiples : crayon à papier, crayon graphite, crayon-mine, crayon de bois... C'est en janvier 1795 que Nicolas-Jacques Conté dépose le brevet d'une mine de crayon composée de graphite et d'argile, cuite et enfermée entre deux demi-cylindres de bois de cèdre. L'emploi de cet outil, au sein de démarche proposée par l'auteur, permettra de rectifier, de gommer ce qui ne *doit* pas être retenu (pour lui) définitivement sur la page. L'essentiel se porte sur la notion de plaisir, lors de la *délivrance* des mots mais aussi, par la suite, lors de la lecture de ce qui a été produit, rédigé, expulsé. Oui, écrire doit être synonyme de plaisir, de joie, de gratification, de jeu.

Il ne s'agit pas de devenir un écrivain au sens strict du terme, mais un écrivant qui stimule son

---

(2) Pour R. Barthes, on est un écrivain ou un écrivant selon la forme et l'orientation de son œuvre ; selon qu'elle soit une fin ou un moyen. L'écrivain considère la littérature comme une fin. L'écrivant écrit et ça lui suffit.

imaginaire pour libérer un potentiel personnel qui *doit* s'exprimer. Le levain est au pain ce que l'imagination est à l'écriture. La création, même modeste, reste un bon exercice pour manifester sa propre *Existence*, son propre *désir*. La seule force qui peut véritablement nous entraîner vers le sentiment d'être vivant, c'est le désir (de). Il ne faut surtout pas le supprimer, l'anéantir mais l'orienter, le canaliser : tout ce qui est créatif, engendrement, projection (du latin projectio " jet en avant "), expulsion de son enveloppe corporelle, vient alimenter le sens de notre existence. Le désir mobilise la totalité de notre être, bien davantage que la raison ou la volonté. L'être humain est fatalement un être de désir ; sa puissance vitale dépend de sa gestion ; et l'écriture reste l'un des moyens qui participent à nourrir ce potentiel de désir.

Il existe de très nombreuses techniques d'écriture. Nous n'en présentons ici qu'une seule : il s'agit de celle qui consiste à proposer le début (parfois la fin) d'un texte, d'un récit que l'écrivant devra poursuivre à son gré. Ce procédé fait office de *contrainte d'écriture*. On pourrait à ce titre la définir comme une *aide*, car elle vient alors favoriser l'expression, la guider. Ce point de départ *imposé* donne la possibilité en effet d'engendrer des mots, des phrases, des paragraphes. Cette technique est très simple : elle intervient comme déclencheur de l'acte. Simple certes mais implacable pour qui veut débuter en écriture. Elle doit se vivre comme *la* règle essentielle d'un jeu créatif. Ni plus, ni moins. On ne devrait pas se sentir muselé avec la présence d'une contrainte : il y a nécessité de l'accueillir même si elle peut être ressentie comme un frein à une liberté totale d'expression, notamment lors des premiers instants. En fait, elle favorise la création dès lors que l'on permet à son imaginaire de galoper, que l'on ne bride pas son propre élan créateur. Il est utile de rappeler que l'attention se concentre avant tout sur le processus de composition, de réalisation et non sur la qualité intrinsèque du produit terminé.

L'écriture s'avère être un véritable outil de développement personnel. Modeste sur le plan de sa réalisation, elle est un prolongement singulier de soi qui vient graduellement réveiller la notion conceptuelle de *confiance en soi*. Ici, il n'y a pas (ou plus) de peur de l'échec, pas de notion de compétition non plus, dans le cadre de ce qui est proposé par cet ouvrage. Ici, on n'est pas soumis à l'écoute de l'autre, à la lecture d'autrui. Sauf si ce souhait exige d'être réalisé. Si vous êtes entouré de personnes de confiance, à la fois bienveillantes et altruistes, vous pourrez leur montrer vos écrits et pourquoi pas leur demander ce qu'elles en pensent. Mais le principal, à ce stade de votre parcours, ne se situe pas là. Il réside dans le plaisir suscité par le fait de composer une atmosphère, une ambiance, dont vous serez le seul et unique créateur. Les écrits réalisés pourront également être adressés à l'auteur du livre. Animateur d'ateliers et écrivain, il saura vous conseiller, vous apaiser le cas échéant, vous guider. La persévérance et la détermination mises dans votre démarche et accompagnant votre désir, seront récompensées. Ainsi, cette aventure personnelle vous permettra dans un premier temps de vous extraire d'une quotidienneté parfois pesante. Ecrire, c'est s'assurer de la liberté au cœur de soi.

Une longue épée de silence s'enfonçait parfois dans mon coeur. L'enlever aurait aussitôt provoqué une hémorragie : je ne pouvais plus que me taire et écrire ce genre de phrases gouvernées par le blanc. Chacune m'était délivrante au temps où elle venait. Je n'ai jamais écrit que pour vous et pour moi, pour un "vous" et un "moi" à venir, non encore apparus en ce monde où il n'y a jamais eu personne. Christian BOBIN *L'enchantement simple.* 1986

1

REFLEXIONS SUR L'ECRITURE

Une représentation graphique

Quelle est la nature, l'essence de ce système magique - aux combinaisons indénombrables - qui permet d'échanger, de s'exprimer ? Vingt-six lettres dans notre alphabet latin et une possibilité quasi infinie de les ordonner dans le but de créer des mots puis, par juxtaposition, des phrases. Cette mécanique ne serait pas grand chose si derrière ces mots, il n'y avait pas du sens. C'est ce que l'on nomme en linguistique le *signifié*. Une magie équivalente semble également opérer dans le contexte de la musique : sept notes, auxquelles s'ajoutent les dièses et les bémols, permettent de composer une variété de morceaux, de partitions. Lorsque ces deux magies se conjuguent, le texte devient chanté et le mariage offre alors de multiples enchantements : ainsi, ces chansons composées peuvent avoir sur certaines personnes un impact considérable sur les plan de la sensibilité, des humeurs, des affects.

La nature singulière de l'écriture tient au fait que celle-ci est à la fois constituée de signes graphiques et détentrice de sens. Cette dernière caractéristique pouvant s'étendre même jusqu'à la polysémie. L'écriture peut s'apparenter à un acte créatif tel que celui de peindre, de dessiner ; elle produit une trace d'une portée significative et symbolique.

Elle peut également se concevoir comme un ensemble constitué d'éléments permettant d'être utilisés de façon ludique. Ainsi, jeux de mots, métaphores, allégories, personnifications etc. sont autant d'expériences pouvant être menées. La nature de l'écriture reste multiple : festive, récréative, divertissante, joyeuse mais également dramatique, émouvante ou même burlesque. Par ailleurs, son contenu peut se montrer riche, fécond, pluriel tout comme il peut endosser l'apparence d'une extrême platitude, intentionnelle ou pas. Afin que la nature de cet ouvrage reste formatrice, nous ne retiendrons ici que les aspects purement créatifs et valorisants de l'écriture.

D'où vient l'écriture ?

Il y a environ 40 000 ans, l'homme préhistorique commençait à graver, à peindre. Sans assimiler ces gestes créatifs à de l'écriture, on peut cependant déjà indiquer que nos ancêtres ont cherché à s'exprimer, à communiquer. Les grottes et les rochers situés à l'extérieur, avec la présence d'art pariétal et d'art rupestre, nous transmettent leurs pensées. Malgré tout, il est encore difficile de saisir la signification de ces tracés. Plusieurs tentatives d'explication de ces gravures ont été avancées ; cependant aucune ne fait réellement l'unanimité. Mais finalement, cette forme d'expression est-elle en lien étroit avec une première forme d'écriture ?

L'esquisse d'une écriture apparait il y a 6 000 ans dans deux régions : la Mésopotamie et l'Egypte ; et ceci de manière presque simultanée mais différenciée : si les hiéroglyphes égyptiens et les pictogrammes sumériens sont tous deux formés de petites images, leur composition est véritablement spécifique à leur région d'origine.

C'est au sein des vestiges des temples des cités d'Uruk et de Lagash (le Pays de Sumer, l'actuel Irak) que l'on retrouve les premières traces d'écriture. Elles sont datées de 3 300 ans av. J.-C. Les Sumériens utilisaient des roseaux taillés en pointe appelés calames (3) pour tracer des signes sur des tablettes d'argile. Cette écriture était composée de pictogrammes, de signes représentant un seul mot ou concept. Il y avait plus de mille cinq cents représentations. Ce peuple utilisait l'écriture pour la rédaction de livres de comptabilité et dénombrait ainsi les possessions du temple (les sacs de grains, les têtes de bétail...). Les Sumériens inventèrent des idéogrammes en couplant deux pictogrammes dans le but de produire des mots nouveaux.

Les formes stylisées vont peu à peu disparaître et être remplacées par une écriture cunéiforme. En effet, les Sumériens vont travailler différemment leurs calames : désormais, ils les tailleront en biseau. Ainsi, l'empreinte laissée par le roseau préalablement plongé dans l'argile va prendre la forme d'un clou, d'un coin ; d'où le qualificatif *cunéiforme*.

Six cents signes, non figuratifs, constituaient alors cette écriture. Par la suite, une lente évolution s'enclencha pour finalement les conduire vers un rapprochement avec un son : ce qui inaugura alors le phonétisme.

(3) Le calame est d'abord un outil d'écriture utilisé depuis de nombreux siècles et encore aujourd'hui, surtout par les calligraphes des pays arabes. D'abord utilisé comme un instrument permettant la gravure sur des pièces et des tablettes d'argile, son utilisation avec de l'encre est plus récente et à l'origine de l'écriture à l'aide de plumes. Traditionnellement, le calame est taillé dans un roseau préalablement séché. Aujourd'hui, d'autres matières entrent dans la fabrication des calames comme le bambou.

Ainsi, dès lors que l'on organisait une suite de sons, on pouvait écrire un mot : l'image d'un chat, suivie de l'image d'un pot, exprimaient le mot *chapeau*. Pour faciliter la lecture, les Sumériens utilisèrent des déterminatifs ; ils permettaient d'indiquer le genre ou le contexte des mots employés.

Continuant à se répandre dans le monde, l'écriture se dota peu à peu de nouvelles règles ; et c'est ainsi que l'on allait assister à l'invention de l'*alphabet* ; ce mot a été créé à partir des deux premières lettres de l'alphabet grec, *alpha* et *bêta*. Cet alphabet (qui a été emprunté aux Phéniciens au IXe siècle av. J.-C), sera par l'intermédiaire des Etrusques, récupéré par les Romains ; ils l'aménageront à leur tour et il deviendra l'actuel alphabet latin. Les Européens le répandront dans le monde entier. Le moine Cyrille s'en inspirera pour créer l'alphabet cyrillique. Ainsi, les Grecs ont certes augmenté et complété l'ensemble des symboles écrits mais ils ne sont cependant pas à l'origine même de l'écriture.

Claude-Louis Gallien dans son ouvrage *Histoire plurielle d'un genre singulier*, écrit au sujet de l'alphabet : " Il se compose d'un ensemble conventionnel de signes écrits dont chacun correspond à un seul son parlé ; tous ces signes, dont le nombre est limité, sont susceptibles d'être disposés selon des combinaisons interchangeables de façon à former des diverses syllabes et les différents mots. L'écriture semble avoir été inventée vers 3 400 av. J.-C à Ougarit, un port de commerce alors très actif où l'on a découvert en 1928 une série de tablettes écrites à l'aide de trente signes seulement, d'aspect cunéiformes, utilisés pour noter des sons ".

La grande aventure de l'écriture a donc débuté il y a plusieurs millénaires. Née dans un premier temps pour répondre avant tout à des problématiques commerciales, elle deviendra par la suite indispensable à la vie des Hommes dans le but de pouvoir répondre à leurs différents besoins (religieux, administratifs, scientifiques, culturels). Elle parviendra même à s'identifier comme une richesse personnelle, une sorte de trésor, de talent singulier, que l'individu peut acquérir, développer, maîtriser, perfectionner. A partir de son emploi, de son utilisation, il est même possible de ressentir du contentement notamment lors d'une activité de production d'écrits, de création littéraire. En 1973, le philosophe Roland Barthes évoque ce *plaisir du texte* dans un célèbre ouvrage consacré à l'écriture.

Un outil d'expression. Vocation thérapeutique ?

L'écriture permet, favorise l'échange entre les individus. Ce système codifié permet également d'approcher les notions de jeu, de plaisir, tout comme celles de sériosité, de réflexion etc.

L'écriture est utilisée aussi bien pour la communication que pour l'expression. Elle peut alors se substituer à la parole lors d'un contact avec un individu. Elle représente ce lien crypté (si on ne possède pas les clefs de sa compréhension, on ne peut guère l'utiliser notamment dans le cas d'une rédaction d'un texte dans une langue ou un registre non maîtrisé) qui relie symboliquement un ou plusieurs auteurs et un lecteur au minimum : elle est ainsi outil de communication. Mais elle est aussi un moyen pour la personne de s'exprimer, de faire surgir d'elle des idées, des ressentis, sans que la trace émise puisse être destinée à une autre personne. Elle reste la preuve d'un acte personnel de création qui n'est pas dirigé vers autrui. Outil d'expression dès lors, l'écriture vient ici délivrer l'individu d'une charge cognitive, émotionnelle, sensuelle ou autre.

Lorsque la parole reste difficile à employer pour exprimer des ressentis quelles qu'en soient les raisons, une libération peut alors s'effectuer grâce à l'écriture, même sans en maîtriser les codes. Elle devient un moyen expressif qui génère avant tout du bien-être, de la créativité dans certains cas. Son effet sur l'individu peut conduire à un véritable accouchement de sa propre personne. Si l'écriture devient davantage une aventure personnelle que fictionnelle (notons que dans les deux cas, la subjectivité est présente), si elle représente essentiellement une activité d'épanchement du

Moi, alors ses propriétés thérapeutiques sont importantes, considérables. Cette compétence a été attestée scientifiquement à diverses reprises.

En 1986, parurent dans le *Journal of Abnormal Psychology*, les résultats d'une expérimentation menée par un professeur de psychologie de l'université du Texas à Austin, James W. Pennebake, auteur de *Ecrire pour se soigner*. Celui-ci avait fait une expérience avec deux groupes d'étudiants : durant vingt-cinq minutes, l'un des deux devait écrire sur ses plus grandes souffrances. James Pennebaker souhaitait ici une écriture la plus sincère, la plus profonde, la plus désinhibée possible ; une écriture qui devait décrire les pensées, les émotions qu'avaient ressenti les élèves à l'époque où ils avaient vécu les événements traumatisants et être complétée par ce qu'ils éprouvaient encore dans le présent, lorsqu'ils y pensaient. L'autre groupe quant à lui devait écrire quelques pages sur des événements banals de leur vie. Au bout de six semaines, tous les étudiants furent soumis à des tests sanguins. Ceux du premier groupe présentaient un net renforcement de leur système immunitaire, une baisse de leur pression artérielle et moins de signes de stress et d'anxiété. Le résultat de l'expérimentation fut donc sans appel : " l'acte d'écrire ses émotions peut conduire à une réorganisation cognitive et émotionnelle contenant des effets positifs mesurables sur notre santé et notre bien-être ", conclut Joshua Morrison Smyth, professeur de santé bio-comportementale et de médecine à l'université d'Etat de Pennsylvanie, co-auteure de l'ouvrage réalisé avec Pennebaker.

Ce dernier venait dès lors d'inventer l'*écriture expressive* qui permet un soulagement mental et physique à la suite d'une délivrance des émotions. Le processus permet dans ces conditions de se désensibiliser. D'autres études par la suite sont venues confirmer le caractère thérapeutique de l'écriture émise à partir notamment de consignes spécifiques. L'écrivain Graham Greene s'était déjà prononcé en 1983 dans *Les Chemins de l'évasion* sur les bienfaits notoires de l'écriture: " L'écriture est une forme de thérapie ". Ce que beaucoup ont pu expérimenter, la science l'avait prouvé depuis plusieurs décennies.

L'écriture expressive (centrée sur l'émotionnel) participe à la propre guérison de son auteur. Elle permet de libérer une part des émotions. Elle soulage tout en étant résiliante : ainsi, elle permet de faire la paix avec soi-même. Cette technique d'écriture ouvre la voie du changement, de l'évolution. Elle vient libérer des peurs, permet une prise de recul et participe à l'amélioration de la santé psychologique de la personne. Tout en favorisant le développement de la créativité, elle contribue peu à peu à renforcer l'estime de soi ; ainsi, elle en vient à régénérer l'auteur des textes. Elle s'affirme comme une pause salvatrice au sein d'une vie parfois bouillonnante. Mais soyons complet, il ne suffit pas d'écrire pour (re)trouver irrémédiablement un état d'allégresse.

L'écriture comble le gouffre d'une perte ; elle se révèle comme étant la trace d'un manque. Elle vient remplir le vide d'une disparition d'une figure d'attachement. Et en cela, elle est en lien avec une situation, un vécu abandonnique.

Ce sentiment d'insécurité a habité l'enfance de bon nombre d'écrivains illustres. La plupart de ceux qui consacrent leur vie à la création, à l'écriture, à l'art (on recensait traditionnellement cinq arts au XIXe siècle auxquels se sont s'ajoutées cinq autres formes artistiques dont la photographie, le cinéma, le théâtre, la bande-dessinée...) pour *exister*, ont eu une enfance relativement complexe.

En 2019, dans son ouvrage *La nuit, j'écrirai des soleils*, Boris Cyrulnik a écrit ces deux phrases : " Que du malheur dans le réel qui a provoqué le besoin d'écrire ! Que du bonheur dans l'écriture ! ". L'auteur décrit parfaitement la situation initiale ainsi que celle qui va permettre par la suite d'atteindre un état que l'on pourrait nommer de consolation et surtout de satisfaction.

Niché dans le coeur de l'écrivant, le processus d'écriture va débuter par une collecte de matériaux intimes. Une transcription subjective s'en suivra, permettant à l'auteur d'un futur texte de se libérer d'un poids et/ou d'une richesse inestimable, dont la trace pourra être dévoilée aux yeux de tous. Cette divulgation s'assimilera à une confession qui constituera un lien étroit entre les deux parties, le lectorat et l'écrivain.

Christian Bobin est un orpailleur ; toute sa vie, il a cherché de l'or dans les mots, les regards. Chacun de ses livres est un appel à renouer avec l'aptitude naturelle de l'enfant à s'émerveiller devant la vie. Il livre dans un article paru dans un quotidien national en 1998 ses impressions sur l'acte d'écriture : "Je pense que l'écriture est un travail de guérison. Elle a à voir avec quelque chose qui relève de la guérison. Pas uniquement ma propre guérison mais une guérison de la vie. De la vie souffrante. De la vie mise à mal par les conditions modernes. Etrangement, pour guérir il faut d'abord rendre malade. Rendre malade d'émotions, rendre malade de beauté, vous voyez ? Mon travail, si j'en ai un, est de transmettre une émotion qui m'est venue. De faire en sorte que cette émotion soit contagieuse. Je suis donc toujours dans une sorte d'attention plus ou moins *flottante,* comme disent les psychanalystes, c'est-à-dire une attention légère et soutenue aux choses, aux gens. Et puis, quand quelque chose d'exceptionnel arrive je l'acueille". Quoi de plus merveilleux que ces lignes évoquant d'une part ce don, cette transmission que l'écrivain opère avec son acte créatif et d'autre part ces mots qui viennent opérer également une guérison (au sens très large du terme) sur le lecteur. Partir du plaisir d'écrire, de s'alléger d'un lourd fardeau, tout en ayant pour objectif l'enrichissement individuel et la guérison mutuelle (auteur et lecteur) sont de véritables balises, d'authentiques jalons posés sur le trajet de l'écriture parsemé de pouvoirs magiques et fabuleux.

L'écriture intuitive

L'écriture intuitive est une méthode simple qui permet de libérer sa créativité, accordant une grande place à la spontanéité, à l'instar de l'art intuitif, véritable outil de guérison (4). Suivant la fréquence retenue, une discussion dès lors va s'instaurer avec telle ou telle partie de soi. Chaque élément concerné, qu'il soit égotique ou non, lumineux ou sombre, est vrai, authentique, juste. Il fait partie de la propre ADN de son auteur. Dès lors, il demande à s'exprimer, à être exprimé. Cependant, on constate amplement que nous avons appris, dès le plus jeune âge, à étouffer cette part d' agitation intérieure car elle est en non-conformité avec l'ordre établi ; elle se veut trop intense pour la norme sociale. Pour rédiger de manière intuitive, la méthode est simple : elle consiste à écrire ce qui passe par la tête. Mais en réalité, cela est plus complexe qu'il n'y parait, car lorsque l'on décide

(4) cf. " Le défi artistique ". *Jean-Luc Netter.* Ed. BoD. 2020

d'écrire ainsi, on entre en communication avec des parties de soi qui sont maintenues sous cloche dans la vie de tous les jours ; elles représentent le Moi nu, déshabillé, qui peut prendre plusieurs formes : les désirs inconscients, les blessures enfouies, les aspirations profondes, la mémoire refoulée, les envies, les phantasmes, les peurs, les rires, les larmes, la manière dont on est structuré, bref la personnalité, dans ces aspects les plus obscurs, les plus réprimés. Il faut ressentir une totale sécurité, lors du déroulement du processus d'écriture, pour dévoiler la face authentique et intime de soi. C'est par cet acte, dans ce cadre précis, que l'écriture peut réellement s'inscrire comme pratique libératrice, reposant sur l'entrée d'un contact avec soi. Écrire à la main semble ici important : cette pratique constitue une forme d'engagement plus soutenue que celle qui est mise en jeu lors d'une rédaction réalisée à partir d'un clavier d'ordinateur.

La trace provenant d'un acte d'écriture intuitive n'a pas la même portée symbolique que celle qui se manifeste lors d'une pratique d'écriture créative. La rédaction d'un courrier adressé (mais non envoyé) à une personne est également différente de celle d'un journal personnel ; par définition, ce courrier a été établi pour un destinataire, ce qui établi symboliquement un *contact* avec lui et permet à la fois d'estimer la situation et par ailleurs d'avoir du recul sur les émotions qui lui sont associées. " Prise de conscience, clarification, mise à distance émotionnelle, réduction du stress et des affects inconfortables ou douloureux sont quelques-uns des bienfaits de cette pratique d'écriture intuitive ", souligne Élisabeth Horowitz, psychothérapeute et auteure d'ouvrages en développement personnel. Voilà qui résume fort bien la fonction spécifique de ce mode d'écriture.

Plaisir d'écrire

Comme l'indique Yves Nadon, auteur et enseignant québecois, dans son ouvrage *Art d'écrire de puissants récits personnels*, les pratiques de production d'écrits à l'école ressemblent bien souvent à celles que les jeunes enseignants ont vécues eux-mêmes en tant qu'élèves. Ainsi, à la suite d'une consigne donnée par l'adulte, les élèves écrivent, attendent le repérage de leurs erreurs orthographiques, de leurs maladresses syntaxiques puis tentent ensuite de corriger au mieux leur texte. Cet exercice porte dans un premier temps un nom bien connu de tous les élèves : la rédaction. Elle est considérée comme l'outil vertueux de l'écriture scolaire et comme l'exercice permettant de développer et d'évaluer les compétences scripturales des apprenants. Pour certains formateurs, la rédaction d'un brouillon est perçue comme une activité peu valorisante ; l'idéal s'oriente alors vers la rédaction d'un premier - et unique - jet et vers l'obtention d'un minimum d'annotations en provenance de l'enseignant. Cette conception de l'écriture peut conduire dès lors à penser que la production d'écrits s'avère être une activité que l'on peut effectuer de manière simple - en notant sur la feuille ou en tapant sur le clavier - des idées pertinentes, sans s'exercer au brouillon, à la planification (considérés dès lors comme signes d'une absence de maîtrise de l'écrit). S'il en était ainsi, l'écriture serait alors la simple transcription d'une pensée narrative, sans approfondissement, et son apprentissage reposerait essentiellement sur le *simple* respect des normes orthographiques et syntaxiques.

Pour certains élèves, malgré ce formatage et ce conditionnement parfois inappropriés, ce moment d'apprentissage scolaire est malgré tout vécu comme une réelle période de révélation : celle du goût d'écrire. Par ailleurs, cette appétence est souvent confortée par les lectures qui abondent lors de cette période de la vie scolaire, lectures qui viennent nourrir l'imaginaire des jeunes apprentis scripteurs et valoriser le fond et la forme des futurs écrits.

Mais pour d'autres élèves, cette période scolaire durant laquelle ils abordent l'étape de la production d'écrits, n'est pas particulièrement bénéfique. Un dégoût de l'écriture peut même alors s'installer du fait qu'elle requiert trop d'efforts pour eux. Dès lors, ils peuvent s'installer dans un comportement de rébellion avant qu'émerge, plus tard, une situation plus favorable dans leur vie, qui leur permettra de développer cette aptitude expressive fondamentale : la production d'écrits. Certes, l'usage et la maîtrise spécifiques de l'écriture créative ou de l'écriture autobiographique ne peuvent cependant pas être partagés par tous. Néanmoins, il ne sera jamais trop tard pour leur donner une place de choix (place qui a peut-être été dépréciée malgré soi) au sein d'un mode de vie personnel et singulier. Ainsi, un désir peut naître, un plaisir peut s'en suivre.

Erotisation. L'acte

D'où provient ce plaisir ressenti lors de l'acte d'écriture ? Quelles sont les composantes qui parviennent à créer ce ravissement ? N'y aurait-il pas une part d'érotisme, de jouissance (cf. Roland Barthes. *Le plaisir du texte.*) dans l'acte d'écrire ? Pas un érotisme passif cependant, mais un érotisme actif, en ce sens qu'écrire est bien un acte produit par un corps, singulier, qui possède son réservoir d'intimité. En effet, c'est bien la pensée qui vient dès lors se dévoiler par l'intermédiaire du corps. De même, il peut y avoir de l'érotisme dans la réthorique, dans l'oralité, dans un discours, une diction ou une déclamation, ou bien encore lors de l'animation d'une conférence ; ce sont des mises en scène où le corps a véritablement une importance.

L'érotisme de l'écriture est cependant à dissocier de l'écriture érotique. Celle-ci affirme sa spécificité dans les notions de traces, de désirs ; c'est à partir de lettres, de mots, de phrases que vont surgir des idées, des fantasmes, chez le lecteur. Mais pour l'écrivain, ce sont les pensées qui vont créer les mots ; il va coucher du sens, des sens. L'écriture - l'acte d'écrire - vient dévoiler une chose qui est encore maintenue dans le domaine de la pensée. Elle est ainsi une pensée en puissance ; une pensée qui deviendra un acte. Il y a réellement une sorte de jouissance dans l'acte d'écrire ; de nature parfois inconsciente et qui provient de la spécificité même de l'action, de l'écrivain également. L'acte d'écrire se rapproche de l'acte de peindre : ainsi, tous deux laissent une trace sur un support ; une trace qui peut s'apparenter à la notion consommée d'un désir fougueux. Par ailleurs, lors de la naissance d'un enfant, on retrouve cette *trace :* celle issue d'un acte d'amour, d'un acte de création, de procréation.

Lors d'un acte, de l'acte d'écrire, on se dévoile, on se dénude. L'érotisme, l'attente, le désir le plus abouti se basent sur les notions de voilé/dévoilé ou encore de caché/affiché : l'apparition d'un morceau du corps entre deux pièces de tissus le recouvrant en est un exemple. A partir des mots, de leur signification, de leur assemblage, les écrivains - mais également les lecteurs - se composent un monde riche en imaginaire, en phantasmes. La vision des mots, leur matérialité, leur façon dévoilée d'exister, de se présenter à l'écrivain, est semblable à la partie visible mais *réduite* d'un iceberg ; au delà de celle-ci représentée notamment par l'enveloppe graphique du mot, du texte, existe le *caché* (le signifié en linguistique) - c'est-à-dire la partie non perceptible, " immergée " (les différents sens des mots, des phrases, les concepts, les idées etc.) - qui occupe l'autre place majeure, dans une production écrite.

En libérant une trace, en délivrant les mots de leur cage, on accouche, on libère aussi une partie de Soi. Cet acte peut initialement effrayer. La crainte de voir une partie de soi (pas ou peu acceptée) se refléter dans le miroir de la page vient dès lors se manifester ouvertement. Si le souhait d'écrire veut réellement s'affirmer, il faudra mettre de côté ce ressenti pouvant entraîner une dépréciation de soi. Les voies à emprunter pour se libérer de ce sentiment parasitant la créativité sont multiples. Il ne faut pas hésiter à demander conseil si la paralysie scripturale s'installe.

Les pouvoirs de l'écriture. Vers la joie.

Du plaisir à la joie, il n'y a qu'un pas. Le plaisir (celui d'écrire) nous fait du bien. Il est essentiel pour créer : à l'image de celui qui est généré par la sexualité, et qui nous conduit à la perpétuation de l'espèce humaine. Cependant, il ne possède pas cette dimension spirituelle (quoique...) universelle véhiculée par la joie. Au sein de certaines pratiques ou croyances personnelles, satisfaction et quête de sens parviennent pourtant à se côtoyer. Pour l'artiste, ce passage de l'un à l'autre (du plaisir à la joie) vient s'affirmer dès lors qu'il a connaissance du fait que son œuvre rencontre un public et permet un dialogue enrichissant. Pour l'écrivain, il en est de même. Cette joie, issue de la présence d'un échange, ne peut naître que lorsque le processus de création s'accompagne véritablement d'un processus de partage. Elle est là lorsque l'Homme participe à élever le niveau de conscience de l'humanité, lorsqu'il travaille pour son amélioration personnelle, lorsqu'il partage et transmet le fruit d'un effort accompli. Elle est présente quand l'esprit vient triompher des obstacles rencontrés dans un parcours individuel. Ainsi, la joie semble être issue de la résolution d'un effort qu'elle-même exige de mener, au sein d'un acte créateur et altruiste à la fois. " La joie témoigne du triomphe de la vie ", a écrit Henri Bergson ; tout comme Baruch Spinoza, il reste l'un des grands philosophes de la joie.

La langue française

Ce plaisir ressenti dans l'acte d'écrire est sans doute en rapport avec les qualités intrinsèques de la langue française. Mais, qu'en est-il au juste de sa beauté ? Evoquons dès lors ses aspects singuliers, tant à l'oral qu'à l'écrit.

Parmi toutes ses qualités, il faut bien reconnaître que notre langue favorise davantage l'expression de l'activité intellectuelle que la diffusion des sentiments, ou bien encore de l'activité abstraite que de l'expansion de l'affectivité. Bien qu'elle offre la possibilité d'exprimer des émotions, la langue française s'avère être un excellent outil mis à la disposition de la pensée humaine, de la raison. Ainsi, elle permet d'énoncer des vérités acquises, de formuler des propos concernant la recherche des choses invariables, d'exposer la découverte des lois d'un univers qui s'ordonnent autour de l'humain. Son pouvoir est pleinement clarifiant, unificateur.

Les domaines de prédilection de la langue sont tout aussi bien le droit, l'enseignement que la recherche ou l'administration. Ainsi, le français semble être davantage une langue d'institution que d'intimité. " Il y a dans le français quelque chose de gouvernemental qui facilite l'autorité et dans l'anglais par exemple quelque chose d'horizontal qui vient faciliter l'échange ", précise *Gabriel de Broglie,* académicien et Vice-président du Haut Comité de la défense de la langue française. Dont acte. Dès lors, toutes ces considérations évoquées permettent-elles objectivement de rendre compte d'un aspect esthétique de notre langue ?

Dès à présent, ne nous attardons donc plus sur ses qualités expressive mais sur sa beauté. Bien que durant tous les siècles passés de très grands écrivains ont su magnifier la langue, il reste encore pertinent, au XXIe siècle, de se demander si la langue française est toujours *belle.*

Pour en juger, il faut sonder le mystère tant structural que structurel de la langue et s'attarder sur la phrase. En effet, tout s'ordonne autour d'elle, ce qui n'est pas le cas dans toutes les autres langues. La phrase est infiniment souple, riche, utile. Elle vient refléter la pensée de la personne qui l'émet. Ainsi, c'est bien à travers elle que se situe le point de contact entre la langue et la pensée. C'est elle qui représente probablement l'essentiel de la matière littéraire, de la création, de la beauté. Phrases en prose et phrases en vers sont deux combinaisons syntaxiques littéraires qui s'équilibrent, au sein d'un esthétisme singulier. La qualité, sur le plan de la conception, n'est pas notoirement limitée à la phrase poétique en vers. La beauté de la prose française est équivalente à celle de la poésie versifiée. L'absence d'effets sonores ne la disqualifie nullement. La poésie a considérablement changé durant le XXe siècle. Ainsi, elle est devenue un moyen d'expression plus intime, plus rapide, plus ciblée. Souvent, elle a délaissé la beauté sonore qui prévalait dans la versification, pour une forme musicale différente qui repose sur d'autres éléments linguistiques.

Ainsi, nous en arrivons à cette question : le français est-il une langue musicale ? La musicalité spécifique de la langue française est subtile et est sans doute moins apparente, moins compréhensible que celle qui est fortement repérable dans d'autres langues (italien, espagnol ou même anglais). Cette question de la musicalité semble un peu compliquée car la prononciation - cette manière dont les sons sont articulés - est relativement monotone. L'énonciation française est facétieuse : ainsi, elle est dépourvue d'accentuation tonique. Par ailleurs, elle comporte peu d'interruption. Elle contient des sons assez doux, tel que le e muet : autrefois, notamment au sein de la versification, on le faisait davantage entendre dans la phrase ; il prenait alors la place d'un pied dans un vers.

Cette musicalité subtile se perçoit chez un lecteur, un auditeur mais également dans l'univers mental du rédacteur, de l'écrivain. Ainsi, lorsqu'il répand des mots sur le support, une petite voix intérieure entend les sons du déploiement, de l'épanchement lexical. Dans la lecture à voix basse, le lecteur perçoit également la musicalité de la langue. Les allitérations par exemple sont ressenties avec intensité. Quant aux redondances, leur présence peut être gênante et il est souvent souhaitable de les réduire, sauf lorsqu'un effet veut être produit. Les liaisons et les enchaînements entre les mots sont également des éléments du discours qui renvoient à la sonorité de la langue. Ainsi, des règles bien définies participent à cette musicalité spécifique et bien singulière de la langue française.

Bernard Cerquiglini (5), auteur et professeur de linguistique, évoque à sa manière le sujet de la musicalité de la langue française : " le français a bien des vertus, mais il n'a pas celle de la musicalité. La musique est faite de notes et de rythmes. En langue, il s'agit de voyelles et de consonnes. Or le français n'a pas une grande richesse de voyelles très ouvertes comme en italien ou en portugais. Le trapèze vocalique est assez resserré. Il n'y a pas de diphtongue et peu de nasales. Le rythme est quasiment calculable, régulier. Il n'a pas de balancement d'accents comme en italien, en espagnol, en allemand ou en anglais. Le français est donc très monotone. Il ne dispose ni de la gamme tonique ni du rythme suffisant pour être une langue musicale. "

(5) *Parlez-vous tronqué ? : portrait du français d'aujourd'hui.* Ed. Larousse. 172 p., 2019

A chacun donc d'établir sa propre idée sur le sujet. Remarquons que l'accent propre à telle région (méridionale par exemple) produit une mélodie spécifique qui pourrait s'apparenter à celle d'une autre langue étrangère parlée à proximité du lieu d'usage.

Conseils, méthode

Concrètement, comment faire pour réaliser son souhait le plus cher, c'est-à-dire celui d'écrire ? En tant qu'apprenti écrivain, il n'est pas certain que votre écrit soit lu, édité, voire publié dans des délais rapprochés. Si toutefois cette éventualité ne vous concerne pas du tout, cela vous permettra alors d'être totalement détaché du regard ou du jugement d'autrui. Afin que votre production écrite soit totalement authentique, sincère, il est même conseillé que vous la conserviez secrètement ; au moins dans un premier temps.

Tout d'abord, si vous le pouvez, écrivez de manière régulière. Si possible, tous les jours. Essayer de vous imposer un timing bien défini : par exemple, vingt minutes ou deux pages ou bien encore trois paragraphes dans un temps limité. Il peut être intéressant de créer un rituel pour parvenir à installer durablement l'activité.

N'hésitez pas à écrire des événements ou des ressentis très personnels, à vous libérer, quand cela reste possible. Racontez des épisodes de votre vie, plus ou moins romancés. Changez les prénoms si vous sentez que cela vous libère davantage. Soyez sincère, ne vous mentez pas dans votre libération. Vous serez le/la seul-e à vous relire.

Composez des phrases simples, assez courtes. Leur rythme doit être fluide. Laissez parler votre cœur, vos sentiments, lâchez-vous ! Ne pensez pas à l'orthographe, ni à la syntaxe, ni à la ponctuation.

Pour écrire le plus librement possible, isolez vous. Laissez toutes les émotions apparaitrent ! Si la juxtaposition des mots vient engendrer des phrases tristes, tant mieux. Elles vont aideront de manière subtile. Soyez doux envers vous-mêmes ! Ne vous blâmez plus ! Ecrivez sans contrainte personnelle, dites des choses inavouables, peut-être.

Enfin, ressentez ce plaisir savoureux d'accoler, d'associer des mots, de créer du sens grâce à des phrases construites par vous-même. Vous allez découvrir combien il est sain et exaltant de créer, de produire un matériau qui tend à vous valoriser, à vous transporter hors de votre quotidien, surtout si vous lâchez prise au coeur du vaste monde infni de l'imaginaire. Dans un prochain chapitre, vous trouverez chère lectrice/cher lecteur, des idées pour réaliser votre désir d'écrire ; notamment celles qui consistent à poursuivre ou à compléter un écrit qui sert de base, d'amorce, de point de départ pour que vous puissiez facilement rédiger votre contribution personnelle.

Même les plus grands auteurs utilisent des procédés, des moyens, des astuces pour pouvoir orienter leur récit. Alors, pourquoi pas vous ? Le plus *simple* s'avère être pour le moment l'utilisation d'une image, d'une publicité, d'une photo ou même d'un tableau pour commencer à rédiger aisément les premières phrases. Des idées et des ressentis viendront à vous assurément lors de l'observation des documents.

D'autres possibilités existent pour débuter un écrit : retranscrire le scénario d'un film, d'un épisode de série ou plus modestement une scène qui vous a marqué. Vous pourrez même inclure des petits dialogues dans votre récit ; vous pouvez également décrire, évoquer des moments forts de vos dernières vacances ; pourquoi également ne pas envisager de raconter sa journée, sur une période définie (une semaine ou deux) ? Comme cela a déjà été mentionné, il est important de s'imposer un rythme d'écriture régulier. Par exemple, tous les jours à 20 heures 30 et durant 40 minutes. Ou bien alors, décider d'un nombre de mots, de lignes à réaliser, sans se fixer de temps.

Il faut aussi apprendre à parler de soi. Peu à peu, le récit autobiographique peut devenir une raison d'écrire ; tout comme le journal intime qui possède l'avantage d'être réalisé sans contrainte. Il est à la fois une pratique d'écriture ordinaire et un genre littéraire.

Enfin, dans un autre registre, pourquoi ne pas imaginer un dialogue entre deux animaux domestiques (que vous avez peut-être chez vous). Si vous voulez partir d'un texte existant, vous pouvez le lire plusieurs fois puis le résumer. En atelier d'écriture, on utilise parfois cette technique d'écriture : il s'agit de se munir de cinq ou six mots, recueillis par *hasard* en feuilletant un livre puis de les inclure dans un texte que l'on devra composer.

Le geste d'écrire est comme celui de poser un doigt sur une dent cariée, en appuyant soudain très fort : la douleur portée à son extrême est aussitôt suivie d'un calme énorme. L'étrange dans cette affaire est que la dent malade est une dent qui manque. *Christian Bobin.* Ecrivain, essayiste.

2

ABECEDAIRE

Cette partie du livre invite l'apprenti-scripteur à plonger dans l'univers de la création " littéraire ", plus exactement dans celui de la production d'écrits. Cet abécédaire succinct reste arbitraire sur le plan de sa constitution. Néanmoins, nous avons espoir qu'il dévérouille quelques blocages infondés qui viennent freiner l'acte d'écrire, l'écriture en général. Les mots retenus pour la rédaction de cet abécédaire font l'objet de développements qui abordent les différents aspects relatifs au domaine de l'écriture. Ces extentions permettent ainsi de se familiariser avec l'univers de votre future passion. Les informations qu'ils offrent permettront assurément au futur écrivant de découvrir de manière non exhaustive le vaste monde de l'Ecriture. N'hésitez pas à compléter cette liste de mots-clés avec vos propres ressentis. Un espace a été prévu à cet effet en fin d'abécédaire. Que ce dernier puisse remplir sa fonction de découverte ou de réconciliation afin que le désir d'exprimer des émotions, des ressentis et de créer des récits, de la narration, jaillisse en vous.

A comme atelier (d'écriture)

L'atelier d'écriture est constitué d'un groupe de personnes qui rédigent dans un même lieu, réunit sous la conduite d'un animateur. Place donc à la créativité individuelle, à l'émulation collective. Il n'est pas un cours de calligraphie, ni de français, ni d'orthographe ou de grammaire. Il n'est pas non plus un lieu d'apprentissage ou de rééducation de l'écriture, ni même un lieu de thérapie, même si sous certaines conditions, il peut prend parfois l'allure d'atelier thérapeutique.

L'atelier d'écriture (6) est un lieu où l'on écrit avant tout : pour le plaisir d'écrire, pour le bonheur de s'exprimer ; un lieu de création ouvert à toute personne animée par le désir d'écrire ; un lieu où les relations entre les participants, au travers de l'écriture, sont fortes, empreintes d'ouverture et de bienveillance ; un lieu où se retrouvent des personnes ayant envie de *jouer* avec les mots. L'atelier d'écriture est également un espace convivial où l'on apprend à affiner et aiguiser son écoute des textes des autres, de telle façon que l'on

(6) Elisabeth Bing, décédée en 2017, peut être considérée comme la fondatrice des ateliers d'écriture en France.

devient, peu à peu, au fil des séances, un meilleur lecteur de ses propres textes. Écrire en atelier, c'est vivre de manière personnelle l'acte d'écrire et ses différentes étapes, tout en bénéficiant du soutien du groupe et de l'accompagnement de l'animateur de l'atelier. C'est la route vers l'inconnu que chacun porte en soi. L'animateur guide à l'aide de propositions d'écriture incitatives. Aucun niveau n'est exigé, pas même un niveau seuil de la langue écrite utilisée. En cours d'apprentissage du FLE (7) (Français-Langue-Etrangère), les ateliers sont tout particulièrement utilisés et très efficaces pour aborder la langue française de manière ludique. L'important reste l'envie d'écrire. Chacun peut parvenir à écrire, à s'exprimer par l'écriture. Le Groupe Français d'Education Nouvelle (GFEN), mouvement de recherche et de formation en éducation, est une référence en matière d'animation d'ateliers d'écriture. Il a pour devise depuis 1922 *Tous capables* : l'expression restera toujours juste.

---

(7) Lorsque la langue française est enseignée à des non-francophones dans un but culturel, professionnel, touristique..., on utilise ce terme pour désigner cette activité.

B comme Brouillon

On pourrait dire que le brouillon est au document final ce que le manuscrit est au livre. Il est une sorte d'écrit en devenir. Il renferme des idées, une pensée, un contenu associé à l'objectif d'être le plus explicite possible pour le futur lecteur. Il précède une écriture définitive ; il se veut être ainsi le *premier jet* d'un écrit, en cours de réalisation, une ébauche par opposition à une mise en forme. Le brouillon est par définition antérieur au document définitif. Cependant, il n'existe pas toujours ; ou bien, il est présent mais le document définitif peut ne pas l'être. Par ailleurs, plusieurs brouillons peuvent avoir été rédigés successivement pour un même document final. Les habitudes d'écriture de la seconde moitié du XXe siècle ont fait naître l'idée que le manuscrit était un brouillon et que dès lors qu'il était dactylographié, il devenait l'original. Cette considération s'appuyait sur le fait que durant ces décennies, le brouillon d'un document était rédigé à la main (manuscrit) tandis que sa mise au propre passait par l'utilisation d'une machine à écrire.

Cet avant-texte qui peut s'avérer nécessaire ne semble pas faire toujours l'objet d'un apprentissage scolaire. Pourtant, il est rappelé aux élèves qu'avant de rédiger *au propre* leur rédaction, ils doivent passer par l'étape du brouillon. Certains psychologues cognitivistes comme Goult en 1980, ont considéré que l'établissement de brouillons chez les élèves était une étape qui rétrécissait et figeait le processus scriptural. Une rationalisation normative viendrait alors s'appliquer et serait à l'encontre d'une bonne et fluide créativité. Ces conclusions sont partagées par certains didacticiens qui, depuis une trentaine d'années, continuent de valoriser des théories de l'écriture centrées sur le résultat plutôt que sur le processus. Cela reste discutable.

Qu'en est-il pour vous, cher apprenti écrivain ? Comment considérez-vous la notion de brouillon ?

…..
…..
…..
…..
…..
…..
…..
…..
…..
…..
…..
…..
…..

C comme Contrainte

Une contrainte est une technique littéraire qui consiste à donner des règles à votre écriture. Elle entraîne de fait une règle de lecture. Lorsque les poètes se soumettent aux règles du mètre et de la rime (8), le lecteur de poésies lit en se soumettant aux mêmes règles. Un pacte est signé entre l'auteur et le lecteur.

Lors d'une phase d'écriture créative, en atelier ou directement sur les pages de ce livre, la contrainte d'écriture est donc une technique littéraire qui consiste à donner des règles et des limites à l'écrit qui sera produit. En fait, elle vient guider l'écrivant et non pas le contraindre. La contrainte peut se définir comme une *obligation librement choisie*. Il ne s'agit en aucun cas d'une gêne, encore moins d'une restriction non consentie et surtout pas d'un empêchement. Oui, sa nature consiste à libérer l'imagination. Il convient de la prendre comme la pièce d'un jeu en lien avec le langage écrit, permettant de déverrouiller l'imaginaire, les idées. Comment commencer à écrire si l'inspiration n'est

(8) Ces règles constituent la métrique, c'est-à-dire l'ensemble des régularités systématiques qui caractérisent la poésie littéraire versifiée.

pas présente au moment où elle devrait se présenter ? En s'appuyant sur cette technique ! Car l'application du procédé permet de canaliser sa propre écriture créative. Ainsi, à partir d'un mot, d'une phrase, d'un court texte ou bien encore d'une photo qui viennent dès lors constituer une sollicitation externe, les mots vont parvenir à surgir de la plume, du stylo. Sans idées au départ, vous allez être maintenant dans l'obligation de canaliser leur présence car elles parviennent peu à peu à affluer. L'écrivant devient un ouvrier ; conscient, il va composer avec les matériaux qui parviennent à son mental.

Avec une contrainte d'écriture, on part du mot pour aller vers l'idée. Chemin inverse de celui qui est habituellement emprunté. Les mots, les phrases fournis sous forme de consignes viennent limiter, délimiter, cadrer dès le début la production écrite. Mais, en qualité de déclencheurs, ils permettent d'ouvrir une voie au processus de création.

La contrainte est donc libératrice et créatrice. Sans sa présence, vous n'auriez certainement jamais eu l'idée d'écrire ce que vous avez écrit. Elle permet de sortir de soi, de trouver des idées, de changer leur mode d'exploitation. Elle n'est pas préjudiciable à la liberté de création. Bien au contraire ! Oublier le sens premier du mot *contrainte* et lui attribuer, lui accorder un statut favorable à une libération de l'imagination, de l'imaginaire, du potentiel créatif.

Concernant l'usage du terme contrainte, il peut être remplacé par des homonymes tels que lanceur, embrayeur, inducteur et même stimulus. Parfois, même on retrouve cette idée sous les termes *proposition* ou *consigne de départ*. Cela ne change pas sa fonction au sein de l'aventure qui consiste à passer à l'acte d'écrire.

C comme Champollion

Jean-François Champollion était un égyptologue originaire du département du Lot, qui a vécu une quarantaine d'années et qui s'est éteint en 1832. Il fut le premier à déchiffrer les hiéroglyphes, qui constituent un type d'écriture figurative utilisé par plusieurs peuples notamment les Egyptiens. Le mot *hiéroglyphe* dérive du grec ιερογλύφος formé lui-même à partir ιερός (" sacré ") et de γλύφειν (" graver ").

Les hiéroglyphes apparaissent en 3 200 av.J.-C., en Haute-Égypte. C'est sur le site d'Abydos que l'on trouve les premières traces. Cette écriture sera utilisée jusqu'à l'époque romaine. Ils représentent une forme originale d'écriture dont découleront toutes les autres. Parmi elles, deux formes nouvelles d'écriture utilisant la graphie cursive se développeront : l'écriture hiératique qui est une forme simplifiée des hiéroglyphes utilisée à des fins administratives d'une part et pour la rédaction de textes littéraires, scientifiques et religieux, d'autre part ; et l'écriture démotique (9), sorte de simplification de l'écriture hiératique, qui se développera durant la XXVIe dynastie égyptienne.

(9) Le terme démotique (issu du grec δημοτικά/dêmotiká et signifiant populaire), désigne dans le contexte de l'égyptologie à la fois un type d'écriture et l'état de la langue égyptienne.

Son développement s'inscrit, probablement, dans le cadre de réformes administratives entreprises par les pharaons, le nombre croissant de documents produits par les scribes demandant une écriture plus cursive, plus rapide encore. Elle est donc employée pour les besoins de la vie de tous les jours.

Au cours du IIIe siècle apr. J.-C., les hiéroglyphes furent graduellement supplantés par l'écriture copte, dérivée des 24 caractères grecs auxquels furent ajoutés 7 caractères de l'écriture démotique. Le dernier texte en hiéroglyphes fut écrit au temple de Philae en 450 apr. J.-C. La christianisation de l'Egypte au IVe siècle fait naître une littérature copte, essentiellement religieuse. Mais à partir de la conquête musulmane au VIIe siècle, la langue copte va peu à peu décliner jusqu'à disparaître dans l'usage quotidien.

C'est grâce à sa parfaite connaissance du copte et à la survivance des caractères démotiques dans cette écriture que Champollion a pu comprendre le système hiéroglyphique.

D comme Déclencheur

Dans une fiction (cf. § F comme Fiction), après la phase de l'exposition censée décrire l'atmosphère du récit, on procède à l'introduction de l'élément déclencheur. Sa fonction est de présenter un événement ou un personnage qui vient alors perturber la situation initiale d'équilibre. C'est alors qu'intervient le déclenchement de la quête du personnage principal qui cherchera petit à petit à retrouver une situation d'équilibre. Il peut être positif ou négatif. Certains l'appellent le *problème*, d'autres *l'appel à l'aventure* ou également le *perturbateur*. Même s'il est positif dans le contexte du récit, l'apparition de contretemps interviendra inévitablement. Il existe différentes manières de lancer l'intrigue à partir de l'élément déclencheur, en fonction du thème de l'histoire. Dans tous les cas, le protagoniste sera plongé dans une situation nouvelle, qui va engendrer des péripéties, des rebondissements, des difficultés.

Le déclencheur, au sein d'une fiction, peut naître à partir d'une situation vécue personnellement par l'auteur du récit, d'une découverte, ou bien encore d'une lecture, d'une exposition etc.

On peut également envisager un rapprochement

sémantique entre le mot " déclencheur " et le mot " contrainte " (d'écriture). Dans ce cas, sa fonction sera différente de celle exprimée plus haut. Si ce terme est associé à celui de " contrainte ", il sera alors spécifiquement en lien avec la notion de " règle d'écriture ".

E comme Ecrire

Ecrire, c'est tracer les signes d'un système d'écriture, de représentation graphique des sons, d'un langage, de la parole. C'est aussi exprimer sa pensée par le langage écrit, composer une œuvre littéraire etc.

Ecrire libère la pensée. *Ecrire* permet aussi de développer sa créativité. *Ecrire* permet également de stimiler sa mémoire.

Ecrire aide à vivre ses émotions. *Ecrire* aide à se projeter. *Ecrire* très régulièrement va favoriser et développer des qualités rédactionnelles. *Ecrire* est un geste de compensation, de réponses, suite à des questions plus ou moins formulées consciemment.

L'acte (d'écrire) en lui-même assure un transfert : il vide un espace pour en remplir un autre. Il permet ainsi de rendre concret, visible, substantiel, une ou des pensées, des réflexions, des recherches, des sensations ou encore des émotions contenues en soi ; celles-ci sont en lien avec un espace spécifique représenté par notre imaginaire : il peut se définir comme une sorte de réceptacle, dans lequel s'articulent tous nos fantasmes qui viennent constituer notre propre théâtre intérieur.

" Ecrire, c'est une façon de parler sans être interrompu ", écrivait Jules Renard. La solitude est mise en avant lors de l'écriture ; si un récit présente des dialogues, ceux-ci s'organisent dans le vaste silence de l'âme de l'écrivain. La concentration de l'esprit est optimale lorsque l'on est seul face à la feuille, à l'écran. Elle reste centrée sur l'objet, le sujet, que l'auteur souhaite aborder ; ou bien encore sur les ressentis, les perceptions, les émotions qui ne demandent qu'à s'extraire de leur camisole.

Alors, quelque soit la forme adoptée, l'essentiel est de prendre le temps de s'exprimer, notamment par l'écriture. Son effet cathartique est important. Tout comme son rapport au merveilleux, au spirituel, à la fascination, parfois même à l'allégresse et à la jubilation.

F comme Fiction

Produit par l'imagination et n'ayant pas de modèle réellement complet dans la réalité, la fiction repose sur une démarche inductive : on part de faits plus ou moins observables pour se diriger vers une explication de ces derniers. Ainsi, un auteur peut effectuer un rassemblement d'informations, une collecte d'observations, avant d'entamer la gestion d'un processus qui le conduira à l'élaboration finale d'un texte, représentant la synthèse des éléments recueillis. L'écriture fictionnelle se développe à partir de la construction d'une intrigue, constituée de faits, d'actions, du mélange de circonstances successives, qui viendront constituer le noeud de l'action. Il paraît plus aisé, en début de projet d'écriture, de choisir un genre (la science-fiction, le fantastique, le tragique ou le comique) plutôt qu'un sujet. Bien sûr, il est possible d'en croiser plusieurs sachant que le croisement se trouve souvent à la base de beaucoup de chefs-d'oeuvres littéraires. Lorsque le ou les genres seront retenus, le sujet devra être envisager avec rigueur mais également avec souplesse.

Une fiction doit être divertissante. Tant pour son auteur que pour son lecteur. La grande liberté laissée à l'écrivain permet d'évoluer dans des atmosphères de toute nature qui doivent nécessairement interpeller le lecteur (si le contenu du récit est destiné à être partagé). Mais la fiction peut aussi être instructive. Dans ce cas, elle devra inclure des informations se rapprochant de la réalité. Si des personnages interviennent, ils devront être bien analysés afin de donner un maximum *d'épaisseur* à leur existence. Ainsi, le lecteur de la fiction pourra même s'identifier à l'un d'entre eux et par là même être réellement touché par les ressentis des descriptions.

Les multiples structures narratives rencontrées lors de vos lectures pourront vous aider dans l'orientation de vos futures pistes d'écriture et de leurs effets ; notamment en ce qui concerne le choix des personnages, du narrateur, des lieux et des détails descriptifs à introduire, mais également en matière de déclenchement d'actions, de rédaction (débuter par le début ou la fin de l'histoire, etc.), de style, de gestion d'une chute (rapide ou teintée de suspense) ; ou bien encore dans le choix des différentes pistes thématiques, des formes spécifiques de la circulation de la parole des personnages. Ainsi, toutes les lectures deviendront de véritables sources d'inspiration, d'inventivité pour le futur apprenti écrivain. Il est donc conseiller de noter quelques informations précieuses et précises sur la composition rédactionnelle (structure, style...) des ouvrages lus afin de pouvoir s'inspirer de ce qui a déjà été produit et d'en extraire une création fictionnelle totalement personnelle. Aucun plaisir ne surgit dès lors que l'on emprunte les mots d'autrui, tout comme ses idées d'ailleurs. Alors, fuyez le plagiat ! De plus, il est considéré comme un vol littéraire (déf. du " Petit Robert ") et donc passible de lourdes sanctions.

G comme Graphothérapie, Graphologie

En lien avec l'écriture (créative ou non), on trouve des disciplines qui sont plus particulièrement axées sur la trace déposée. Ainsi, on s'intéresse davantage à l'empreinte, sans se référer au sens de l'écrit, mais aussi au geste, à la gestualité de la main qui est à l'origine du tracé dès lors qu'un outil scripteur (crayon, stylo, feutre, plume etc.) est utilisé. Cependant c'est bien en amont, dans le cerveau, plus précisément dans une zone dénommée l'aire d'Exner - aire située dans le cortex prémoteur (qui fait partie du lobe frontal du cerveau), situé en avant des régions motrices - que l'acte de produire prend sa source.

Nous retiendrons principalement deux de ces disciplines dans cet abécédaire, la graphologie et la graphothérapie.

La graphologie est une technique d'analyse, d'observation et d'interprétation de l'écriture manuscrite dans le but principalement d'établir le portrait psychologique de la personne à partir de son écriture. Elle a été (et l'est encore parfois) largement utilisée dans le secteur privé comme outil de recrutement. Selon une étude de 1999, 93% des entreprises françaises l'utilisaient à cette période pour choisir leurs candidats à l'embauche, dont 55% de façon systématique. La graphologie était de manière significative davantage utilisée pour les recrutements de cadres (82%) que pour celui des ouvriers (11,4%).

La graphologie peut également s'intéresser à votre écriture sans que vous soyez impliqué dans un processus de recherche d'emploi. En effet, l'analyse de votre écriture - notamment des signes, de son ordonnance c'est-à-dire de l'occupation de l'espace dans un document, de sa direction, de sa forme, de la pression, de son inclinaison, de la vitesse d'exécution, des liaisons entre les lettres, de la taille des lettres etc. - peut vous permettre de vous mieux vous connaître, de découvrir les multiples facettes de votre personnalité, de mieux cerner votre propre forme d'intelligence et son meilleur environnement pour son plein épanouissement. Une étude dans ce domaine permet également d'en savoir plus sur son tempérament, ses passions, ses aptitudes et même ses points forts tout comme ceux qui devraient être reconsidérés. En effet, notre propre écriture, est un véritable miroir de notre personnalité. En la sondant, on peut accéder à qui nous sommes. Le dessin, notamment chez les enfants, contient également des éléments réels et d'autres plus symboliques qui peuvent donner lieu à des commentaires, à des interprétations qui sont en mesure d'apporter un éclairage significatif sur la personnalité de son créateur.

La graphothérapie quant à elle, est une discipline qui intervient dans le but de résoudre des difficultés d'écriture manuscrite. Elle s'assimile à une rééducation de l'écriture, d'un point de vue graphique uniquement. Le principe repose sur le fait de détendre, d'assouplir et de réapprendre le geste graphique, de corriger les formes des lettres, de reconsidérer le mouvement du haut du corps afin d'amener la personne à trouver la gestualité qui lui convient, en matière d'écriture. Un des buts du consultant est de retrouver le plaisir d'écrire de façon plus " lisible ", sans douleur et lenteur excessives (ou trop grande rapidité d'exécution) après avoir été soumis à un bilan graphomoteur complet. Celui-ci regroupe différents tests de motricité, de latéralité et d'écriture, qui permettent d'analyser les éventuels dysfonctionnements de l'acte graphique.

H comme Haïku

Le haïku (俳句) est une forme japonaise de poésie permettant de noter les émotions, des états d'âme, le temps qui passe. Sa forme est concise ; elle est composée de dix sept temps (onji) répartis sur trois (le 3 est un chiffre qui a une résonance sacrée) vers (5-7-5). Les temps sont équivalents aux syllabes. Cette structure est née au Japon, à la fin du XVIIe siècle. Les poètes contemporains écrivent des haïkus sous des formes encore beaucoup plus brèves.

Le poème se définit principalement par la nature de son premier vers et sa brièveté. Il comporte un kigo (mot de saison) qui le lie à la réalité. Un kireji (césure), parfois représentée par un tiret, marque un silence pendant la lecture. Il souligne la tension entre une ligne et le reste du poème. Il présente deux idées, deux images juxtaposées.

Exemple :

> Je cueille des champignons -
> ma voix
> devient le vent

> Masaoka Shiki (1867-1902)

Le haïku est par excellence la capture de l'instant présent dans ce qu'il a de singulier et d'éphémère. Il est la transcription de " l'ici et maintenant ", de l'ordinaire saisi avec simplicité afin de restituer toute une poésie de l'émotion. Il favorise le lien social, l'écoute, le dialogue et véhicule un esprit pacifique et bienveillant.

Une des caractéristiques du poème court est la présence d'un mot de saison, *kigo* en japonais. Par exemple, ce mot pour la fin d'automne pourrait être : brouillard, feuille morte, gelée matinale, ou même plus citadin : décorations de Noël, étalages garnis, fruits hors-saison. Il existe au Japon des almanachs de mots de saison (*saïjiki*) qui décrivent les états de la nature au cours de l'année.

L'intérêt de ce mot de saison oblige le poète à être attentif au monde qui l'entoure et ainsi il peut lier le poème à la réalité. Le haïku étant bref et pouvant se composer facilement dans la tête, sa pratique au long d'une journée constitue une sorte de méditation active. En étant attentif à la moindre chose qu'il rencontre, le poète réalise ainsi une sorte de fusion de son corps, de son esprit avec le reste du monde.

Un haïku contient deux idées (ou images) juxtaposées. Un *kireji* (ce qui signifie littéralement,

" mot qui coupe ") fort permet de créer un effet de surprise, en attirant l'attention sur un autre objet. Le kireji est un écart, un pas de côté destiné à déstabiliser le lecteur et à donner plus de profondeur au haïku. Il marque une coupure dans le temps, une suspension, une respiration. Il est représenté (dans les haïkus français) par un tiret à la fin de l'un des deux premiers vers du haïku. Dans un haïku japonais, il peut avoir la forme d'une intonation voulue, d'une exclamation, d'une interrogation. Les principaux kireji sont ya, kana, keri. Ces mots n'ont pas réellement de sens.

I comme Imaginaire, Imagination

On a souvent tendance à confondre ces deux termes. Pourtant, ils ont des sens bien distincts. L'imagination est liée à la capacité de construire, d'imaginer, de créer des images mentales qui s'élaborent et s'établissent à partir d'éléments existants ; ce qui permet ainsi des innovations. A partir de l'imagination, une représentation intérieure s'élabore. Celle-ci repose sur une association de souvenirs, d'expériences et de sensations. On la distingue cependant de la construction mentale qui, elle, vise l'élaboration d'objets physiques et de systèmes de pensées. L'imagination est quelque chose de limité. Sa puissance permet de réaliser mentalement tous les désirs et tous les fantasmes. On tente dès lors de nier la réalité en faveur d'autre chose, afin de compenser les insatisfactions de la vie réelle. Le désir est par là partiellement satisfait sur un autre plan que celui de la réalité. L'imagination est particulièrement présente dans les rêves. De ce point de vue, elle paraît être garante d'une bonne santé mentale ; car le psychisme trouve ici un moyen privilégié d'exprimer, sous forme d'images, d'histoires, des désirs refoulés qui permettent ainsi d'évacuer une partie des frustrations engendrées par le réel. L'imagination découle de l'inspiration. Celle-ci appartiendrait-elle au monde de l'adulte tandis que l'imagination serait connectée au monde de l'enfant ? C'est un sujet qui mérite une analyse approfondie.

Ainsi, l'imagination est la *faculté* d'imaginer de se représenter qq chose dans l'esprit.

L'imaginaire quant à lui est un *excès*. Il représente quelque chose qui s'ajoute au réel. Il s'exprime comme une fantaisie permettant de s'arracher au quotidien. Il s'affirme en créant, en construisant mais à partir de ce qui n'existe pas. Les images qui traversent l'esprit sont présentes avant même que l'on tente de les inscrire dans un parcours individuel. Elles appartiennent à la singularité de l'individu, à son histoire personnelle. L'imaginaire s'exprime lorsque la personne pense à quelque chose qui n'est pas dans son environnement, qu'elle ne peut pas voir réellement mais plutôt penser avec une sensation d'invisibilité, d'absence. L'enfance par exemple est le pays de l'imaginaire. En elle, presque tout est surprise, extase, fantaisie, signification, sans prise avec le réel, avec des éléments connus. " L'âge de la raison ", comme l'expression l'indique, signifie une rupture avec l'imaginaire, une imposition du réel sur l'irréalité.

Ainsi, l'imaginaire est un *espace de pensée* propre à l'humain, indistinct de sa représentation du monde, de ses cadres ; espace dans lequel il peut créer, surimposer des éléments de la réalité.

J comme Joie

Pourquoi avoir retenu ce mot au coeur d'un abécédaire consacré au plaisir d'écrire ?

Que représente la joie ? Elle est manifestement une émotion, une explosion interne qui surgit à la suite d'un contentement personnel, en lien avec une gratification. Elle semble être avant tout spirituelle, personnelle, alors que le bonheur paraît se définir à partir de satisfactions plus terrestres, matérielles, donc en lien avec *l'extérieur de soi.* La joie vient du moi intérieur et se connecte à la source de la vie que l'on a en soi. L'origine de la joie provient de quelque chose ou de quelqu'un que l'on apprécie. Elle peut être fugace ; " elle se caractérise par sa briéveté ", écrit Frédéric Lenoir (10). Elle se différencie donc du bonheur qui, lui, est une émotion ressentie au sein d'un *état* de bien-être, d'apaisement, de sérénité ; état qui peut s'avérer être durable, persistant ou même permanent. Il vient essentiellement de l'extérieur alors que la joie vient de l'intérieur. En cultivant la joie et en croyant en sa puissance, la personne semble être déjà dans un état de grâce.

(10) *La puissance de la joie*. Ed. Le livre de Poche. 2015

Venons-en à l'écriture. Ecrire peut devenir une expérience joyeuse ; car elle est en propre résonance avec le moi personnel, intérieur, qui, en étant sollicité, se libère, se délivre, s'allège créant ainsi une poussée, une éruption de joie. La pratique de l'écriture aide à mettre des mots sur des moments heureux ou malheureux. Elle permet d'extérioriser des émotions, d'exprimer des sentiments tout comme elle permet de briser la solitude intérieure, de se confier sans crainte du jugement, de goûter une forme de libération totale. L'écriture possède aussi le pouvoir inestimable de donner forme à un témoignage intime de toute une vie.

La joie, le bonheur d'écrire se cachent à l'intérieur de chacun de nous. Ces états propres à l'être humain ne demandent qu'à être révélés. La fameuse page blanche peut ne pas restée en l'état grâce à votre envie, à votre désir d'entreprendre. Vous le savez maintenant, il existe diverses *techniques* pour que votre espace vierge devienne vite un lieu habité de sens. Écrire pour soi d'abord, peut-être plus tard pour un lecteur, écrire pour se parler à soi-même, pour se délivrer d'une part de tristesse, voilà de bonnes raisons d'apporter du sens à l'acte d'écrire, à sa propre existence.

Se retrouver dans son texte reste essentiel. Créer

son propre style équivaut à donner corps à une facette inexprimée de sa personne. Lorsque l'on se découvre une passion pour l'écriture, chaque évènement, chaque situation peut devenir source d'inspiration. Ce talent en puissance devient dès lors une partie de soi que l'on apprivoise chaque jour. La plupart du temps, il n'est pas en lien direct avec l'obtention de diplômes scolaires.

Écrire peut donc donner naissance à une joie latente ; le plaisir, qui s'associera à ce sentiment, sera en mesure d'enflammer l'esprit de l'écrivain, de l'apprenti écrivain. Cette satisfaction, cette joie d'écrire qui sommeille en nous n'est pas limitée par l'âge pour s'éveiller, pour s'épanouir. Dès lors, encourageons la !

L comme Littérature, Lecture

La *littérature* est l'ensemble des œuvres écrites ou orales auxquelles on reconnaît une valeur esthétique ; elle représente un art qui permet d'exprimer un idéal de beauté. Grâce aux productions littéraires, des émotions personnelles peuvent être révélées et partagées avec un ensemble de lecteurs. Les buts de la littérature sont multiples : éduquer, communiquer des pensées, influencer, développer l'esprit critique séduire... Elle représente un miroir de la société dans laquelle elle vient puiser ses constituants.

L'un des trois grands domaines de la littérature est celui du roman et plus largement l'ensemble des genres narratifs ; leur point commun reste la place prédominante occupée par le récit ; les œuvres littéraires concernées sont pour la plupart écrites en prose ; cependant, il existe des romans écrits en vers : ici, l'exposition d'un regard intérieur vient se joindre à la fiction. Les deux autres domaines de la littérature sont la nouvelle et la poésie : le texte poétique ne vise pas à raconter une histoire comme le fait le texte narratif ; quant à la nouvelle, sa spécificité se porte sur sa structure, laquelle est généralement courte. Apparue à la fin du Moyen Age, elle tend principalement à se concentrer sur une action unique.

La *lecture* (à voix basse) est une expérience profondément individuelle. Elle n'est pas une compétition mais une activité intime, personnelle et hautement subjective. Il n'y a aucune raison de se sentir coupable de ne pas aimer un livre qui a remporté un prix ou que tout le monde apprécie résolument.

Pas de gêne à avoir non plus, chez un lecteur, si tel ou tel ouvrage faisant partie de la catégorie *grand public,* parvient à séduire, devient passionnant. Il est important de lire ce que l'on aime, sans se comparer à d'autres personnes en matière de goût. Par ailleurs, il est toujours possible d'encourager de jeunes lecteurs à s'orienter vers la découverte de nouveaux ouvrages qui sont totalement étrangers à leur culture personnelle. Certaines associations, certains regroupements poursuivent cet objectif et parviennent à obtenir de très bons résultats.

Les bienfaits de la lecture sont nombreux ; en effet, si la lecture permet de se divertir, si elle procure du plaisir, elle peut également aider à transcender le quotidien, à fuir temporairement la réalité. Mais par ailleurs, elle permet aussi de développer la mémoire, les capacités cognitives (comprendre un livre nécessite de retenir une grande quantité d'informations). Selon le type d'ouvrages parcourus, l'imagination peut être plus ou moins sollicitée ; cependant, le cerveau se retrouve stimulé, ce qui l'empêche de perdre ses capacités grâce à une activation des neurones.

La lecture améliore également la concentration et l'attention ; elle oblige le lecteur à rester concentré sur le contenu découvert et uniquement lui. Le monde qui l'entoure disparaît et l'immersion prend le pas sur tout le reste. La lecture améliore l'expression orale et écrite : elle est un excellent moyen pour enrichir son propre vocabulaire. Des répercutions importantes sur les relations professionnelles et/ou personnelles peuvent intervenir. Un accroissement de la confiance peut également se réaliser et permettre une affirmation personnelle dans la vie quotidienne ; une aisance dans l'expression, tant orale qu'écrite, peut ainsi prendre forme intérieurement et se répercuter très favorablement au sein du contexte social.

Bien entendu, la lecture accroît les connaissances ; en lisant, de nouvelles informations seront retenues, un vocabulaire plus ou moins technique peut être découvert et réutilisé ultérieurement, le cas échéant. Lire développe l'esprit d'analyse et le jugement critique ; car durant l'activité, on reconsidère les informations reçues, on appréhende différents types de discours, d'argumentaires. L'expérience de lecture nourrit l'expérience d'écriture. Enfin, lire permet d'apaiser le mental et facilite l'endormissement. Bien évidemment, il est souhaitable de choisir un ouvrage qui puisse avoir de telles qualités sur vous. Le support papier reste conseillé ou bien alors la liseuse numérique dont la luminosité adaptative n'est pas agressive pour les yeux.

Enfin, la lecture peut être un bon moyen pour persévérer sur le plan du développement de Soi : elle permet d'emmagasiner des connaissances théoriques, de motiver le lecteur. En revanche, si la lecture enseigne et accompagne, c'est bien à la personne de passer à l'action : il faut parvenir à mettre en pratique ce qu'inspirent les contenus des livres parcourus.

M comme Montolieu, village du livre

" Il n'est pas de réalisation qui ne soit au départ utopique » : ainsi s'exprimait Michel Braibant, relieur à Carcassonne, dans les années 1990. C'est dans le département de l'Aude, sur les pentes sud de la Montagne Noire, entre Toulouse et mer Méditerranée, que se situe la région du Cabardès faisant partie du Pays cathare. C'est ici, à 15 km de la Cité de Carcassonne, que l'on trouve Montolieu, Village du Livre depuis 1989. C'est à M. Braibant que l'on doit cette création originale, en qualité de fondateur du Village du Livre et du Musée des Arts et Métiers du Livre de Montolieu.

Qualifié de « doux rêveur » par certains, ce Carcassonnais d'adoption et Nelge d'origine était assurément passionné par les livres au point de voir, pour le petit village de 800 âmes, la possibilité d'une opportunité à développer dans ce domaine. Il souhaitait créer un Conservatoire vivant des métiers du livre et des arts graphiques. Le projet qu'il présenta s'articulait autour de deux points : d'une part la réhabilitation d'un ancien moulin à papier, situé à Brousses ; d'autre part la création d'un lieu de mémoire pour le livre, ses métiers et ceux des arts graphiques. Michel Braibant souhaitait que sa passion puisse vivre, se démultiplier et rayonner. Il savait qu'à Hay-on-

Wye, en Grande-Bretagne et à Redu, en Belgique, des projets identiques avaient abouti. En 1991, le village du livre commença à éclore ; cependant, au même moment, son fondateur disparut.

Montolieu - Village du Livre et des arts - s'est forgé une solide renommée depuis plus de 30 ans grâce aux librairies, aux artisans du livre et au Musée des Arts et Métiers du Livre. Tout commence donc en 1990 lorsque Michel Braibant souhaite créer un conservatoire européen des Arts et Métiers du Livre. Son intention est de transmettre la mémoire des métiers du livre en accueillant le public chez les artisans. Grâce à sa collection personnelle et à des donations, le musée ouvre en 1991. Parallèlement, des librairies de livres anciens se lancent dans l'aventure. Une vingtaine d'années après, des artistes s'installent donnant un nouvel au village au sein duquel a ouvert en 2015 la Coopérative Musée Cérès Franco - dans l'ancienne cave viticole - qui présente une collection de 2 000 oeuvres des XXe et XXIe siècles, notamment dans le domaine de art brut. L'association *Montolieu Village du Livre et des Arts* œuvre, notamment, pour le rayonnement et la pérennisation du Village du Livre et des Arts et propose des rencontres et pratiques artistiques et culturelles tout au long de l'année.

Lieu d'échange, de rencontre et de partage, un pôle culturel important s'est installé dans l'ancienne manufacture des draps construite sur l'ordre de Louis XV en 1739. Cette manufacture textile de Montolieu raconte l'histoire industrielle du village baigné par la rivière la Dure sur sa partie Est. Aujourd'hui, ce cours d'eau est jalonné par différents ateliers-galeries d'artistes qui s'y sont installés. Le pôle vit au rythme des événements culturels notamment des festivals. L'association *l'Envol Artistique*, sous convention avec le Conseil Départemental de l'Aude, propose à des artistes bénéficiant du RSA, un accompagnement, dans le cadre de la professionnalisation de leur activité.

La nouvelle (littéraire) est un récit. Elle représente donc un texte narratif, une histoire que l'on raconte. Elle est une œuvre de l'imagination et non pas une narration fidèle d'un événement. Si des nouvellistes s'inspirent parfois d'un fait réel, ils reconstruisent cependant toujours l'histoire à leur façon. Elle devient alors fiction.

La nouvelle est un *genre* littéraire. Ainsi, on y trouve des figures de style, une construction narrative, une exploitation de la langue dans le but de créer des événements, des rebondissements afin de captiver le lecteur et de susciter en lui des émotions, des réflexions.

Sa spécificité, c'est la briéveté. Elle peut se lire d'un seul tenant. Le lecteur n'a pas à s'interrompre comme il pourrait le faire lors de la lecture d'un roman. Tout est saisi dans un temps limité. La nouvelle vient se fonder sur la concision : on y trouve peu de personnages, d'événements et de lieux. Tout doit être condensé, intense. Souvent, la nouvelle se concentre sur une action unique. Entre la situation initiale et la situation finale, il se passe peu de choses. Cependant, une transformation psychologique s'opère chez le personnage principal entre les deux moments. Cette concentration de l'action impose en général un nombre limité de personnages. Parfois il n'y en a qu'un et il n'est pas véritablement nommé. Les pronoms remplacent son identité. Mais ce personnage occupe cependant une place centrale. La nouvelle possède une structure narrative bien établie. Elle s'organise schématiquement de cette manière : tout d'abord, exposition d'une situation initiale avec présentation du personnage principal, du lieu, de l'époque, du décor, etc. Ensuite arrive l'élément déclencheur ou perturbateur : la situation initiale est alors modifiée. Des péripéties vont alors surgir : des actions sont réalisées par le personnage principal et par les autres éventuellement ; elles vont permettre l'évolution psychologique du " héros ". Enfin, prend place le temps du dénouement, de la résolution, de la chute : il va mettre un terme aux actions tout en surprenant le plus habilement possible le lecteur. Pour conclure, la situation finale exposera un résultat, clôturera le récit.

O comme Objectifs

Se fixer un ou des objectifs lors de ses projets d'écriture peut conduire à se sentir plus à l'aise dans son déroulement, si modeste soit-il. En effet, avoir un cadre mais aussi un but à atteindre permet de ne pas s'éparpiller sur le plan du résultat que l'on souhaite obtenir.

Mais cela peut parfois devenir contre-productif. En effet, si les objectifs sont fixés quelque peu arbitrairement ou suivis de manière rigide ou bien alors n'impliquent pas les qualités de celui qui doit les atteindre, alors ils peuvent devenir une source de frustration évidente. Néanmoins, se donner des buts à atteindre n'est pas suffisant pour que tout fonctionne pour le mieux, comme par magie ; la méthode employée est tout aussi importante.

A l'évidence, il faut que ces objectifs soient relativement difficiles, bien spécifiques et qu'ils représentent un défi ; il faut que l'on puisse mesurer les progrès afin ceux-ci entraînent une motivation chez la personne. Afficher des buts permet en effet d'orienter son action, de gérer l'effort et de persévérer. Désormais, la principale question devient alors : comment procéder pour construire des objectifs utiles et motivants ?

Créer des objectifs d'écriture pour soi-même est un bon moyen de rester organisé et inspiré. Il faut cependant être réaliste sur ce que l'on peut réaliser et savoir ajuster les objectifs si nécessaire.

Bien sûr, il faut commencer par se fixer des petits objectifs et par la suite travailler sur des objectifs plus vastes. La création d'objectifs d'écriture trop ambitieux peut parfois devenir épuisante. Il est préférable de définir plusieurs petits objectifs tous réalisables. Pour ensuite les compléter, ce qui renforcera la confiance pour mener de futurs projets. Ainsi, il est possible d'écrire par exemple une ou deux nouvelles, sur une période de quatre à six mois, et non pas vouloir sortir à tout prix un roman, tous les ans.

Rester clairvoyant sur le temps qu'il sera réellement possible de consacrer à l'écriture. L'enthousiasme lié au début d'un projet d'écriture peut amener à surestimer la production d'écrits personnelle. Il est nécessaire de prévoir un rythme d'écriture modéré. Cela permettra de prendre en compte toutes les variables liées à la vie quotidienne. Écrire tous les jours de la semaine est un excellent objectif à atteindre ; cependant peut-être sera-t-il parfois nécessaire d'interrompre cette fréquence. S'accorder davantage de temps pour soi aura assurément une influence positive sur la qualité des écrits rédigés.

Si les objectifs ne fonctionnent pas, il faudra les ajuster. S'il y a difficulté à atteindre le but fixé, il faudra modifier les paramètres de l'objectif afin qu'il devienne réalisable et ne cause pas de stress inutile. L'objectif peut inclure des tâches telles que la rédaction d'un plan ou l'achèvement d'un premier brouillon.

Pratiquer l'écriture libre (*freewriting*, chez les Anglo-Saxons) permet de produire de l'écrit, réveille la dose latente d'imaginaire. L'écriture libre est un processus d'écriture rapide, dans une période déterminée (utiliser un minuteur) et sans jugement. Il est possible d'essayer cet exercice, sans trop réfléchir, sans réécriture et peut-être même sans sujet, afin de parvenir à trouver de nouvelles idées dans le cadre de futurs projets d'écriture. Elle révèle des idées personnelles dans leur forme la plus brute, ce qui peut inciter à prendre une nouvelle direction créative. C'est une technique efficace pour mettre fin à la "censure" intérieure de l'écrivain et expérimenter l'écriture dans l'état de flux. L'idée est de noter les pensées au fur et à mesure qu'elles surgissent, sans les évaluer ni se soucier de la manière dont elles sont rédigées. Enfin, si le souhait est important, communiquer à des personnes votre idée de fiction ou autre projet d'écriture. Leur demander éventuellement de lire les brouillons, d'énoncer quelques commentaires.

P comme Poésie, Poème

On utilise le terme *poème* pour parler d'un texte en particulier et celui de *poésie* pour parler du genre en général. La poésie, c'est un peu comme l'art de la peinture et le poème comme un tableau peint. Ainsi l'on peut écrire, lire, apprendre ou écouter "un poème" ou alors "de la poésie".

Un poème est un ouvrage littéraire. La poésie est une forme d'art, un genre littéraire très ancien, aux formes variées, écrite généralement en vers mais aussi parfois en prose. Elle semble privilégier l'expressivité de la forme. Le sens des mots s'affirme ici davantage ; notamment avec les choix effectués (interprétations et sonorités), mais aussi leur agencement (rythmes, métrique, figures de style...). La définition de la poésie se révèle difficile ; elle varie selon les époques : chaque siècle lui a trouvé une fonction et une expression différentes. De plus, la personnalité de chaque poète et son approche personnelle de l'écriture ont su également influencer les tentatives de définition de cet art du langage.

Traditionnellement, la poésie revêt la forme d'un texte versifié obéissant à des règles particulières en termes de métrique (forme des vers, des strophes...), de scansion (prononcer, énoncer un vers en le rythmant), de rimes, tout en s'inscrivant ou non dans une forme fixe. Les poètes modernes s'affranchissent peu à peu de ces règles : ainsi les poètes français introduisirent lors de la deuxième moitié du XIXe siècle le vers libre puis le verset, remettant aussi en cause les conventions classiques de la rime qui a eu tendance à disparaître au XXe siècle. A partir de cette époque, les poètes apparaissent plus attentifs à la conception et à la réalisation plastique de leurs écrits, à la mise en forme et en page de leurs oeuvres, à la présentation visuelle de leurs travaux. La matérialité du texte et du livre pouvait primer sur le contenu de l'oeuvre elle-même.

On ne saurait définir uniquement la poésie par l'utilisation de vers : la forme versifiée a été employée dans des ouvrages que l'on peut considérer comme des romans (tels ceux de Chrétien de Troyes). Par ailleurs, la poésie peut également avoir une forme libre par excellence, celle de la prose (que l'on retrouve dans les *Petits poèmes en prose*, de Charles Baudelaire). Dès le XVIIIe siècle apparurent des traductions en français de poèmes étrangers sous forme de " fausses " traductions où la prose se substituait aux vers initiaux. Certains critiques évoquaient des poèmes " en prose " pour désigner des romans tels que *Les aventures de Télémaque* de Fénelon ou *La*

Princesse de Clèves de Madame de La Fayette. La naissance de ce genre de rédaction en matière de poésie est souvent associée à la publication de *Gaspard de la nuit* par Aloysius Bertrand ; en effet, ce poète était conscient de créer une forme nouvelle, même s'il n'utilisait pas le terme de " poèmes " ; c'est ensuite Charles Baudelaire, avec ses *Petits Poèmes* qui imposa le genre - le poème en prose - comme une forme poétique reconnue.

Q comme Queneau

Raymond Queneau, né en 1903, est un poète, romancier, dramaturge, cofondateur avec le mathématicien François Le Lionnais du groupe littéraire OULIPO, " L'Ouvroir de Littérature Potentielle ". Les membres de cette communauté internationnale se réunissaient régulièrement pour réfléchir autour de la notion de "contrainte" d'écriture (cf. dans l'abécédaire : C/contraintes) et produire de nouvelles structures destinées à encourager la création ; cependant, il ne s´agit pas d´un mouvement littéraire. Le but de l'organisation était d'inventer une nouvelle écriture (romanesque et poétique) en intégrant des contraintes mathématiques à la littérature. La contrainte la plus connue est la méthode S+7. Elle consiste à remplacer chaque substantif (S) ou nom du texte par le septième trouvé après lui dans le dictionnaire. Raymond Queneau s'amusa à faire cet exercice d'écriture sur le texte de la fable *La cigale et la fourmi* de Jean de la Fontaine. Vous pouvez également vous inventer une contrainte d'écriture originale pour écrire, tout en vous divertissant.

R comme Récit, Roman

Le récit est un nom générique qui se décline en plusieurs formes suivant les spécificités du récit en question : ainsi, le roman se distingue pour une mise en avant de l'imagination, la fable pour une leçon de vie, la nouvelle en tant que récit court et centré. Un récit (ou une intrigue) est une forme littéraire regroupant des faits d'une histoire rédigés dans un ordre arbitraire et spécifique. Différents récits sont donc possibles à partir de faits retenus.

Le roman quant à lui est un genre littéraire caractérisé essentiellement par une narration fictionnelle. La première apparition semble datée du XIIe siècle. Initialement écrit en vers et jouant sur les assonances, il est rédigé en prose dès le XIIIe siècle. Il se distingue du conte ou de l'épopée par sa vocation à être lu individuellement et non à être écouté. Très valorisé au XVIIIe siècle, le roman devient le genre littéraire dominant à partir du XIXe. Il présente aujourd'hui un grand nombre de sous-genres.

S comme Schéma narratif, Salon du livre

Le schéma narratif d'un récit est le déroulement chronologique des actions. Il sert de canevas dans le but que le récit soit cohérent et facile à comprendre. Il est constitué de cinq étapes : la situation initiale (qui ? Où ? Quoi ? Comment ?), l'élément déclencheur (ou perturbateur) ; il vient perturber la situation intiale, le déroulement (ou péripéties), le dénouement, la situation finale ; c'est le moment où l'équilibre est rétabli. Beaucoup de contes reposent sur ce schéma, de nouvelles également.

Cette trame, cette structure peut vous aider dans la rédaction de votre texte de fiction. Cependant, si structurer une histoire est une chose, l'écrire en est une autre. L'important, c'est l'acte lui-même, sans s'occuper du format qu'elle intégrera. L'écriture ressemble à la marche que l'on acquiert lorsque l'on est enfant. Cette dernière n'est possible que si on accepte de passer d'un déséquilibre à un autre, sans y penser, bien entendu. De déséquilibre en déséquilibre, on parvient peu à peu à avancer.

Un salon du livre est un terme général désignant toute manifestation au sein de laquelle sont accueillies des structures, des personnes dont le métier gravite autour de l'écrit : maisons d'éditions, auteurs, dessinateurs, traducteurs etc.

Le *Salon du livre de Paris* (devenu récemmment Festival du Livre de Paris) est une manifestation consacrée au livre et à l'écrit, créée en 1981, organisée chaque année au printemps à Paris. La manifestation accueille à la fois grands et petits éditeurs et représentants des métiers du livre. Son originalité est d'être ouvert aux professionnels et au grand public. Il est intéressant d'aller à la rencontre d'écrivains dans les Salons. Souvent, ils sont facilement abordables dès lors que leur stand n'est pas envahi par un public avide de sensations fortes.

T comme Techniques d'écriture

Les techniques d'écriture peuvent aider pour créer des personnages réalistes, pour imaginer un univers, pour rédiger des descriptions et des dialogues, etc. Il ne s'agit pas de règles strictes mais plutôt d'un guide pour aider à écrire efficacement. Ces techniques d'écriture sont souvent issues d'observations réalisées sur des écrits qui ont un impact dans le but de pouvoir les reproduire pour soi. Bien entendu, en aucun cas, il est obligé de suivre les conseils à la lettre.

Les techniques d'écriture, inspirées des cours de communication et de journalisme, permettent qu'un texte rédigé serve le plus parfaitement possible son objectif initial : informer, rendre compte, former, éduquer, répertorier, distraire, vendre, convaincre, partager, etc.

Certains repoussent les techniques d'écriture, persuadés qu'elles nuisent à la créativité et enferment l'écrivain et son écrit. Pourtant, l'apprentissage de techniques d'écriture créative peut permettre aux écrivains d'être guidés ; ce qui est utile lors de l'écriture d'un premier roman, d'une première nouvelle. Parmi les techniques d'écriture, les " formules " ou structures d'intrigue restent les plus critiquées. Pour certains, le fait de proposer une structure pour imaginer une intrigue nuit à la créativité et peut aboutir à créer des histoires identiques. L'utilisation d'un canevas n'oblige pas l'auteur à le suivre intégralement. Comme l'écrit l'auteur américain Christopher Vogler dans son ouvrage *Le guide du scénariste*, " il n'est pas obligatoire de suivre toutes les étapes dans l'ordre ; certaines histoires peuvent nécessiter d'adapter la structure qu'il propose ". En fait, les formules permettent de canaliser la créativité et de guider l'écriture ; l'essentiel reste cependant cette liberté qu'il convient de préserver à l'intérieur du processus d'écriture.

Si vous ne souhaitez pas utiliser une " formule ", vous devez toujours utiliser une structure : toutes les histoires ont en commun un schéma type : un début, un milieu et une fin. En s'imposant certaines " règles ", les techniques d'écriture ne pourront que vous pousser à devenir plus créatif afin de contourner les problèmes qui peuvent surgir et d'améliorer votre récit.

Si vous souhaiter fréquenter un atelier d'écriture, sachez que les conseils en matière de rédaction sont très rares dans ce cadre propice à l'écriture individuelle créative. Les principales raisons qui poussent à fréquenter un atelier sont : trouver l'énergie et la motivation d'écrire de manière régulière ; être encadré pour trouver son propre rythme d'écriture ; acquérir une constance et une discipline ; stimuler ses capacités à créer et à s'exprimer ; développer sa confiance en soi...

U comme Univers personnel

C'est au sein de notre propre univers imaginaire que l'on peut puiser des éléments qui viendront alimenter et enrichir la vie quotidienne. Habitudes de vie, voyages, rencontres, oeuvres littéraires, picturales ou musicales découvertes etc. viennent à tout instant enrichir les ressources singulières de la personne. C'est autant de contenu - pour l'apprenti écrivain - qui participe à la construction de son univers personnel mais également de son univers fictionnel. Cet espace construit est semblable à un réservoir dans lequel il peut être possible de puiser à tout moment. Cependant, il faut bien évidemment en amont l'approvisionner par toutes sortes de connaissances, de compétences... Plus cet univers sera étoffé, plus il participera à l'enrichissement et à l'exploitation de la créativité, en particulier dans le domaine de l'écriture narrative.

V comme Volonté

Le plaisir, l'envie, le désir sont des sensations, des états qui permettent de soulever des montagnes - dès lors qu'ils sont présents - en matière de créativité, de créations. Associés à la persévérance, à la patience, ces ressentis permettent de progresser dans une activité choisie. Ainsi, en matière d'écriture, pour dépasser des préjugés installés depuis la fréquention de l'école élémentaire ou du collège, il sera nécessaire de s'encourager personnellement pour concrétiser un souhait semblant appartenir à un monde utopique, iréel. Il ne faut pas renoncer à cette envie de produire de l'écrit même si durant la scolarité les résultats en français, en littérature étaient peu satisfaisants pour les évaluateurs. Il n'est nullement nécessaire de se comparer à autrui lorsqu'il s'agit d'exprimer une pulsion profonde créative/créatrice. Elle doit avoir une place singulière, devenir une trace spécifique.

W comme Web

Le Web est le terme communément employé pour évoquer l'univers du World Wide Web, ou WWW, traduit en français par " toile d'araignée mondiale ". Il fait référence au système hypertexte (système contenant des documents liés entre eux par des liens qui permettent de passer d'une information à une autre) fonctionnant sur le réseau informatique mondial Internet. Par abus de langage, le Web désigne de façon plus large tout ce qui se rapproche à cet univers internet. On ne fait plus aujourd'hui la distinction technique entre ce que définit réellement le Web et ce que définit Internet ; même si Internet reste avant tout un support et le Web, une application.

Le geste d'ecrire est comme celui de poser un doigt sur une dent cariée, en appuyant soudain très fort : la douleur portée à son extrême est aussitôt suivie d'un calme énorme. L'étrange dans cette affaire est que la dent malade est une dent qui manque. *Christian Bobin*

3

PRODUIRE DE L'ECRIT

Méthodologie

Il s'agit ici de produire des écrits relativement courts ; vous n'êtes pas devenus par magie des auteurs de romans de 250 pages... après la lecture de la partie théorique de ce livre. Cependant, vous avez une entière liberté quant à ce que vous laisserez comme trace sur l'ouvrage. Elle peut être brute, initiale, originelle ou bien encore revue, corrigée, améliorée. Le souhait de devenir un producteur d'écrits *parfaits* n'est pas souhaitable. Toutefois, ne vous empêchez de réécrire votre texte même plusieurs fois, si vraiment cette manière de faire est importante pour vous. Ce procédé peut se réaliser en différé. Les règles orthographiques n'ont pas besoin d'être strictement appliquées dès lors que vous écrivez pour vous-même, pour votre propre plaisir : plaisir d'écrire et peut-être plaisir de relire ce qui a été produit avec envie.

A vous donc maintenant de poursuivre les écrits suggérés par l'auteur. Vous pouvez enclencher votre processus d'écriture à partir de n'importe quel texte, sans respecter le classement initial proposé. Vous pouvez relire une seconde fois (c'est même souhaitable) les phrases constituant l'amorce (l'introduction, le début) du texte que vous composerez, dans le but de vous imprégner de l'ambiance, de l'atmosphère avant de produire votre écrit personnel.

On ne peut passer sous silence la portée de la production d'écrits chez l'enfant, l'élève. Elle est de toute première importance ; tant sur le plan de la sollicitation de l'imaginaire que sur le plan de la maîtrise orthographique et syntaxique de la langue. Elle reste à valoriser dès le plus jeune âge, avec la consultation d'albums sans écriture puis de livres pour la jeunesse. Dans cet ouvrage, quelques propositions leur sont dédiées. D'autres suivront. Il est essentiel d'amener l'enfant vers ce domaine spécifique de la langue, de manière ludique le plus possible. On peut envisager l'utilisation d'étiquettes mobiles sur lesquelles des mots figurent ; il s'agira dès lors de les placer de manière à composer une phrase ayant du sens. L'humour, le contexte animalier, la science-fiction... sont des thématiques fortement appréciées durant la période de l'enfance.

* Les espaces différenciés entre les lignes en pointillés sont volontaires.

Notes personnelles sur le thème : l'enfant et l'écriture.

....
....
....
....
....
....
....
....
....
....
....
....
....
....
....
....
....

Notes personnelles sur le thème : mes rapports avec la lecture et l'écriture, lorsque j'étais enfant :

....

....

....

....

....

....

....

....

....

....

....

....

....

....

....

....

Amorces pour apprentis écrivains, adolescents ou adultes :

Amorce (A) : Je passais la journée à errer sous la neige. J'entrai tour à tour dans tous les bars de la ville. Je finis par m'asseoir sur un banc dans la gare routière. Devant moi, une fille se mit tout à coup à pleurer, tout en mangeant sauvagement un énorme sandwich. Je sortis une cigarette et me dirigeai vers la cour où les bus stationnaient, moteurs et phares allumés.

Suite (S) :

…………………………………………………………………………
…………………………………………………………………………
…………………………………………………………………………
…………………………………………………………………………
…………………………………………………………………………
…………………………………………………………………………
…………………………………………………………………………
…………………………………………………………………………
…………………………………………………………………………
…………………………………………………………………………
…………………………………………………………………………
…………………………………………………………………………
…………………………………………………………………………
…………………………………………………………………………
…………………………………………………………………………
…………………………………………………………………………

A : Il n'est plus mon ami. Pourquoi le lui dire ? Les vies se croisent et laissent des traces invisibles. Un taxi me conduisit vers l'appartement de ma mère. Le chauffeur roulait vite ; comme si je lui avais dit que j'allais prendre un train. Il me dit alors que je n'avais rien dit, qu'il était pressé, qu'il devait aller chez son psy. Sa mère venait de mourir. Elle s'était arrachée de manière brutale à sa vie d'homme, à sa vie de fils.

S : ....
....
....
....
....
....
....
....
....
....
....
....
....
....
....
....
....
....
....
....

A : Sur le carré de papier, un dessin. Une sorte de plan que Lucien dessina afin de ne pas oublier l'endroit. Il avait enfoui sous un mètre de terre ses trois petites sculptures d'une valeur considérable. Puis un jour, il partit et ne revint jamais. Quelques années plus tard, son porte-feuille se retrouva entre les mains d'un Chinois, dans une brocante. Celui-ci ignorait quel trésor il avait acquis.

S : ....
....
....
....
....
....
....
....
....
....
....
....
....
....
....
....
....
....
....
....

A : Un soir d'automne ; comme tous les autres soirs d'automne. La nuit avait déjà envahi les alentours du hangar que je m'apprêtais à quitter. La perspective d'un week-end paisible me convenait parfaitement. J'avais pourtant promis au chef d'atelier de préparer quelques esquisses pour la prochaine réalisation d'un objet féminin quasi-indispensable : le sac à main. Pas un centime de plus ne me serait attribué cependant pour cette tâche. Qu'importe, car c'était bien ce que je recherchais : laisser vagabonder mon inspiration au-delà de l'exercice de mon activité. Depuis que Joëlle était partie, je devais faire face à un loyer mensuel extravagant. Elle n'avait pas supporté la vie quotidienne sans travail, qui était apparue suite à notre changement de lieu d'habitation. Oui, j'avais accepté la proposition professionnelle alléchante de mon chef qui nous avait contraints à déménager. Mais la démission de Joëlle, négociée avec indemnités, avait été malgré tout délicate à vivre. Une nouvelle vie commune fut décidée. Mais de courte durée car les recherches d'emploi et les divers entretiens passés n'ayant pas débouché sur une embauche, elle décida un matin de quitter le foyer.

S : …...
....
....
....
....

....
....
....
....
....
....
....
....
....
....
....
....
....
....
....
....
....
....
....
....
....
....
....
....
....
....
....

A : Enfin, en cette fin d'année 2009, je m'étais remis à l'écriture. Un séjour à l'écart de la vie quotidienne m'avait permis de me reconnecter à mon inspiration. Le stylo semblait glisser sur la feuille, pour mon plus grand plaisir. Je m'accordai dès lors quelques moments de répit avant les fêtes. Le lendemain de Noël, je repartis à la conquête des mots. Mais quelle ne fut pas ma surprise lorsque je découvris que les pages du manuscrit rédigées les jours précédents s'étaient totalement transformées : mon récit était désormais retranscrit en japonais.

S :

....
....
....
....
....
....
....
....
....
....
....
....
....
....
....
....

A : En ce début d'été, je n'avais aucune idée de ce que je pouvais écrire. L'imagination et l'inspiration m'avaient délaissé. Me laisser guider par les sensations ? Pourquoi pas ! Je terminai mon café et m'apprêtai à quitter les lieux quand une jeune femme s'approcha de moi, à l'entrée du hall de la gare de Lisieux.

     - Bonjour ! Vous êtes Jean-Marie Le
      Clézio ?
     - Oui.

S :

....
....
....
....
....
....
....
....
....
....
....
....
....
....
....
....
....
....
....

Imaginer deux suites différentes à partir de cette amorce :

A : Depuis le vol de mon dernier manuscrit, j'avais du mal à me projeter dans l'écriture d'un nouvel ouvrage. Il me fallait pourtant accepter la difficile épreuve. Je décidai de partir à l'étranger afin de renouer avec l'inspiration. J'étais prêt, s'il le fallait, à utiliser des techniques d'écriture pour satisfaire mon besoin. Ecrire conditionnait ma vie, mon bien-être ; l'acte en lui-même pouvait s'apparenter à celui de respirer. Je devais me remettre en condition si je ne voulais pas périr après cette mésaventure que je semblais vraiment mal vivre.

Je retins finalement la Crète comme destination. Je ne connaissais pas l'île. Elle était réputée pour ses plages, ses monastères... J'étais à présent dans l'avion. Je parcourais la revue NOVELS que l'on trouvait à bord du vol régulier que j'empruntais.

Après avoir tourné les premières pages rapidement, mon regard se posa sur l'extrait d'une fiction qui m'interpella. Il était rédigé en anglais, signé par son auteur ; mais le nom semblait être un pseudonyme ou une anagramme.

Arrivé sur place, je pris contact avec le service *communication* de la revue. On m'informa que c'était une femme qui envoyait chaque semaine des extraits de son livre. Tout se faisait par mail, on ne connaissait pas précisément l'auteure. Il me fut impossible d'obtenir ses coordonnées de la part du

142

service *comptabilité et gestion* de la revue qui lui versait ses gains. J'entrepris dès lors des recherches tout en imaginant que cette mésaventure pourrait peut-être faire l'objet...pourquoi pas... de mon prochain livre.

Je ne découvris aucune information sur l'identité de la personne qui adressait les fragments d'un ouvrage qu'il me semblait reconnaître. Je décidai alors de lui écrire au journal ; sous un faux prétexte et avec une nouvelle adresse mail. J'évoquai les situations décrites dans le contenu du récit, la félicitai pour son imagination et l'éventuelle part d'autobiographie qu'il comportait. Je complétai mon message en précisant que j'étais Italien (mon mail était rédigé en anglais) mais que je connaissais parfaitement les lieux décrits de cette province française. Je précisai que je souhaitais la rencontrer pour l'interviewer, soi-disant en qualité de rédacteur d'une revue littéraire à Milan.

Depuis plusieurs jours, je commençai à esquisser le futur scénario de mon prochain ouvrage. J'étais en attente d'une réponse à mon mail. Elle arriva durant la nuit ; la personne m'informa qu'elle avait actuellement beaucoup de travail car elle devait rédiger des articles sur la Crète. Cependant, elle n'écarta pas la possibilité d'une rencontre, sans doute par téléphone ou en visio.

S 1:
....

....
....
....
....
....
....
....
....
....
....
....
....
....
....
....
....
....
....
....
....
....
....
....
....
....
....
....

S 2 :

....
....

....
....
....
....
....
....
....
....
....
....
....
....
....
....
....
....
....
....
....
....
....
....
....
....
....
....
....
....
....
....

A : Zoé se déporta totalement sur la partie gauche de la route. Je sentis dès lors mon cœur battre plus rapidement que le moteur. Personne en face. Je me retournai et vis qu'il n'y avait personne derrière. Ouf ! Le pire des accidents avait été écarté. Je me calmai afin qu'elle ne puisse pas faire un petit geste de trop. A 200 mètres, il y avait un endroit pour stationner. Plus loin, des camions de gros tonnage étaient arrêtés, juste avant la douane. Je demandai à Zoé de s'arrêter. Pour moi, l'aventure devait absolument être interrompue là. Je retirai les clefs du neiman de l'Opel. Je descendis et lui demandai d'en faire autant afin que je puisse conduire. Je pris son sac à main puis le lui donnai lorsque nous nous croisâmes derrière le véhicule. Je mis rapidement le contact, bloquai les portes et partis, en trombe, avant qu'elle ne puisse entrer dans le véhicule. Je m'arrêtai 50 mètres plus loin pour déposer au sol son manteau.

S : ....
....
....
....
....
....
....
....
....
....
....

A : Marc voulait quitter de manière définitive son logement qu'il habitait depuis seize ans. Rejoindre sa région natale représentait pour lui actuellement le plus beau cadeau que la vie pouvait lui offrir afin d'y vivre une nouvelle étape de son existence. Ce projet il l'avait depuis longtemps en tête. Ce qui le tracassait le plus, c'était le futur déménagement. Tant d'objets, de livres avaient été accumulés au fil des années passées. Il ne souhaitait pas faire appel à un déménageur professionnel. Mais descendre des cartons si lourds lui semblaient impossible, même avec l'aide de son unique ami Jacques. L'appartement se situait au 4eme étage, sans ascenseur. Cependant cette préoccupation semblait se dissoudre ces dernières heures, à la suite de la lecture d'une publicité découverte récemment dans une revue posée dans la salle d'attente du dentiste. Elle invitait le lecteur à découvrir un petit ouvrage ayant pour titre " le livret du voyageur ".

S :

....
....
....
....
....
....
....
....
....
....

A : Tout à coup, la lumière s'éteignit. Quelques instants auparavant, lors de mon entrée dans ce long couloir désert, j'avais eu la crainte de me retrouver ici dans le noir, pétrifié de peurs, me demandant ce que je ferai si cette éventualité avait lieu. Et voilà qu'à présent, le pressentiment se transforma en événement bien réel. Pas d'éclairage de secours signalé sur les murs. L'obscurité totale enveloppait lourdement mon corps. Pas de briquet dans les poches. Pas de téléphone mobile non plus.

S :

…………………………………………………………………………
…………………………………………………………………………
…………………………………………………………………………
…………………………………………………………………………
…………………………………………………………………………
…………………………………………………………………………
…………………………………………………………………………
…………………………………………………………………………
…………………………………………………………………………
…………………………………………………………………………
…………………………………………………………………………
…………………………………………………………………………
…………………………………………………………………………
…………………………………………………………………………
…………………………………………………………………………
…………………………………………………………………………
…………………………………………………………………………
…………………………………………………………………………
…………………………………………………………………………

A : Cette fois, j'avais décidé de rester en Europe ; car j'avais le projet de me rendre aux Etats-Unis l'an prochain, rejoindre un ami qui y travaillait en tant qu'enseignant. En quittant mon lit puis en me dirigeant vers la chaise sur laquelle reposaient les vêtements que je ne portais que chez moi, je ne ressentis pas cette joie intérieure habituelle que j'avais avant un départ pour l'étranger. Tout était très calme dans l'immeuble. Dans la rue, sous mes trois fenêtres, je distinguais parfaitement les voitures en stationnement grâce à un éclairage collectif orangé puissant. Aucune silhouette humaine ne s'intégrait dans le décor. Je rabattis la couette sur le matelas, l'ajusta au mieux afin de retrouver à mon retour une chambre accueillante. Je déprogrammai l'alarme du réveil. Lors d'un précédent voyage, j'avais oublié d'effectuer cette manipulation. Le voisin, qui a sa chambre de l'autre côté du mur proche de la tête de mon lit, m'interpella à mon retour pour me reprocher vaillamment cet oubli. Il avait en effet dû subir pendant mes dix jours d'absence le déclenchement de la sonnerie d'alarme tous les matins, à 6h10.

S : ....
....
....
....
....
....
....

Début et fin de récit à imaginer :

....
....
....
....
....
....
....
....
....

L'autocar roulait à présent lentement. Sur les vitres s'abattait peu à peu du sable provenant des collines comme s'il était projeté par des mains invisibles. Il ralentit pour finalement se trouver sur le point de s'immobiliser. Le vent qui soufflait sembla se calmer et l'autocar reprit de la vitesse. Des espaces de lumière commençaient à surgir dans ce paysage composé de poussière.

....
....
....
....
....
....
....
....
....
....

A : Elle marchait dans la nuit vers la gare, une petite valise rouge à la main. Son sac bandoulière regorgeait d'affaires de toutes sortes. Il se balançait sans cesse à partir de son point d'appui, ce qui déséquilibrait Aude et menaçait de la faire chuter. Entre deux réverbères qui projetaient leur lumière orangée, la distance lui paraissait longue. Et l'espace plongé dans l'obscurité l'effrayait. Pourtant, le lieu était sûr. Elle ne savait pas vers quelle destination elle se dirigeait. Elle voulait surtout prendre le premier train qui se présenterait à cette heure avancée.

S : ....
....
....
....
....
....
....
....
....
....
....

....

....
....
....

A : - Bonjour. Contrôle des billets s'il vous plaît, dit l'employé.

- Bonjour. Je n'ai pas de billet car la gare était fermée

- Vous êtes montée dans le train à quelle gare Madame ?

- A Evian.

- A Evian, il y a trois appareils qui permettent d'acheter un billet.

- Oui mais ils étaient en panne.

- Vous allez où Madame ?

- A Genève, pour de la chirurgie esthétique.

Le contrôleur sembla embarrassé par la réponse. Il regarda la voyageuse tout en semblant réfléchir. Dans ce compartiment de 1ère classe pouvant accueillir six personnes assises se trouvait un autre voyageur. Il avait assisté au bref dialogue.

S : ....
....
....
....
....
....
....
....
....
....
....
....

A : Millac, dans la Vienne, Juillet 1979.
- " Allo !
- Oui.
- Bonsoir. Puis-je parler à Madame Sarah Bonin?
- C'est moi ".

Je me souviens encore aujourd'hui de ce début de conversation. Nous étions au seuil de l'été, ce moment où les projets de vacances sont déjà bien construits, élaborés, ce moment où les programmes des émissions de radio changent et laissent une place importante à la musique de variétés, propice à la danse, aux moments festifs. Cette année-là, pour mon trentième anniversaire, les collègues de bureau s'étaient cotisés afin de me faire un cadeau qui pouvait éventuellement laisser une trace dans ma mémoire. Et ce fut bien le cas. Un cadeau pour le moins très original : une inscription dans une agence matrimoniale.

Sarah Bonin ne fut pas surprise de recevoir un appel de ma part.

S : ....
....
....
....
....
....
....

154

....
....
....
....
....
....
....
....
....
....
....
....
....
....
....
....
....
....

....

....

....

....

....

....

Autres déclencheurs d'écrits possibles : choisir le début d'un texte classique très connu (1). Ou bien encore le début d'une poésie (2) ou d'une chanson choisie (3) dans un registre qui séduit l'écrivain.

(1) Début d'un texte classique : retranscrire les cinq premières phrases de ce texte puis poursuivre :
……...
…...
…...
…...
…...
…...
…...
…...
…...
…...
…...
…...
…...

(2) Recopier les quatre premiers vers d'une poésie classique puis poursuivre selon inspiration :
……...
…...
…...
…...
…...
…...

....
....
....
....
....
....
....
....
....
....

(3) Noter le début d'une chanson puis continuer le
texte sans employer les lettres *m*, *a* et *l* :

....
....
....
....
....
....
....
....
....
....
....
....
....
....
....
....

L'acrostiche, du grec akrostikhos (*akros*, haut, élevé et *stikhos*, vers) : c'est un texte poétique ou strophe d'un poème dont les vers sont disposés de telle manière que la lecture des premières lettres de chacun d'eux, effectuée de haut en bas, révèle un nom, une devise, une sentence, en rapport avec l'auteur, le dédicataire, le sujet du poème, etc. :

Voici un exemple avec le mot *Euphorie* :

Etincelle d'un monde divin :
Un astre, rempli de fièvre
Profonde, embrase le chagrin d'une
Histoire remplie de folles espérances mais
Où le tumulte s'abreuve enfin de paix.
Redéposant des cendres sublimant le désir,
Il porte dès lors la lumière de l'
Etoile qui vient régner sur le royaume des anges.

Choisir un mot de 4 ou 5 lettres pour débuter puis construire un poème :

.

.

.

.

.

Amorces pour les enfants (un ouvrage leur sera dédié prochainement) :

A : Marie-Louise déteste tout : son prénom, ses parents, ses habits, ses cadeaux, les feux rouges, le vélo de sa copine Alice, son appareil dentaire, son chat, son petit amoureux, ses yeux, sa chambre, la couleur de ses cheveux, le chocolat noir, la douche, les endives, l'école parfois, la pluie, son p'tit frère Cléo. Mais ce qu'elle déteste le plus, c'est faire les courses avec ses parents le samedi après-midi.

S : ....
....
....
....
....
....
....
....
....
....
....

....

....

....

A : Je m'appelle Tom. J'ai une petite soeur qui s'appelle Doïna. On voudrait se révolter contre nos parents. Car on en a assez qu'il change toujours de travail. A chaque fois, on déménage, on doit les suivre et nous deux, on ne veut plus quitter notre maison et aussi nos camarades. On en a assez ! Un mercredi matin, Maman nous a appellés pour venir discuter un peu. Sur la table devant nous, il y avait des bonbons. On a d'abord été étonné puis on a très bien compris pourquoi.

S : …..

…..

…..

…..

…..

…..

…..

…..

…..

A : " Demain, on part à la mer ! " avait dit Papa. J'étais si heureux de cette nouvelle, moi petit Félix avec mes 7 ans ! Bien sûr, je n'ai pas pu dormir de la nuit ! Maman était venue plusieurs fois éteindre la lumière. Car j'avais commencé à faire ma valise, en douce. J'avais déjà vu la mer, les vagues, des bateaux à la télévision, mais jamais en vrai.

S :

....

....

....

....

....

....

....

....

....

A : Un jour, ce fut le drame à Avignon. Léa, une petite fille de 5 ans et demi venait de perdre son doudou. Ses parents étaient venus avec elle au festival pour le découvrir. Ce devait être un grand jour pour eux. Même Léa était contente le matin, en grimpant avec Boufi, son dodou girafe, dans la voiture. Elle l'avait serré contre elle, durant tout le voyage, le respirant de temps à autre, lui parlant également dès qu'elle se sentait un peu seule, engoncée dans le siège auto.

S :

………………………………………………………………

………………………………………………………………

………………………………………………………………

………………………………………………………………

………………………………………………………………

………………………………………………………………

………………………………………………………………

162

A : Tom est un petit garçon qui adore les histoires de monstres et de sorcières. Un soir, sa maman lui raconte son histoire préférée *Le monstre du placard*. Il a très peur, mais il aime cette histoire. Plus tard, dans la nuit, Tom est réveillé par un bruit étrange. Il l'écoute mais ne bouge surtout pas. Le bruit vient du placard. Tom commence à avoir peur. Il se souvient de l'histoire que sa mère lui a lue. Il décide de se lever pour aller voir ce qui se passe. Il sort lentement de son lit et s'approche doucement du placard.

S :

…..

…..

…..

…..

…..

…..

…..

…..

…..

…..

…..

…..

163

A partir d'un dessin (1/2) :

Texte :

....
....
....
....
....
....

....

....

....

....

A partir d'un dessin (2/2) :

Texte :

....
....
....
....
....
....
....
....
....
....

A partir d'un dessin (pour adolescents, adultes)

Dessin 1 :

Façades de maisons médiévales.

Texte :
....
....
....
....
....
....
....
....
....

....

....

....

....

....

....

....

....

....

....

Dessin 2 :

Entrées d'un château fort

Texte :

....
....
....
....
....

Dessin 3 :

Accès à une tour médiévale

Texte court :

....
....
....
....
....

....
....
....
....
....
....
....

Dessin 4 :

Clocher-porche d'une église

Texte :

....

....

....

....

....

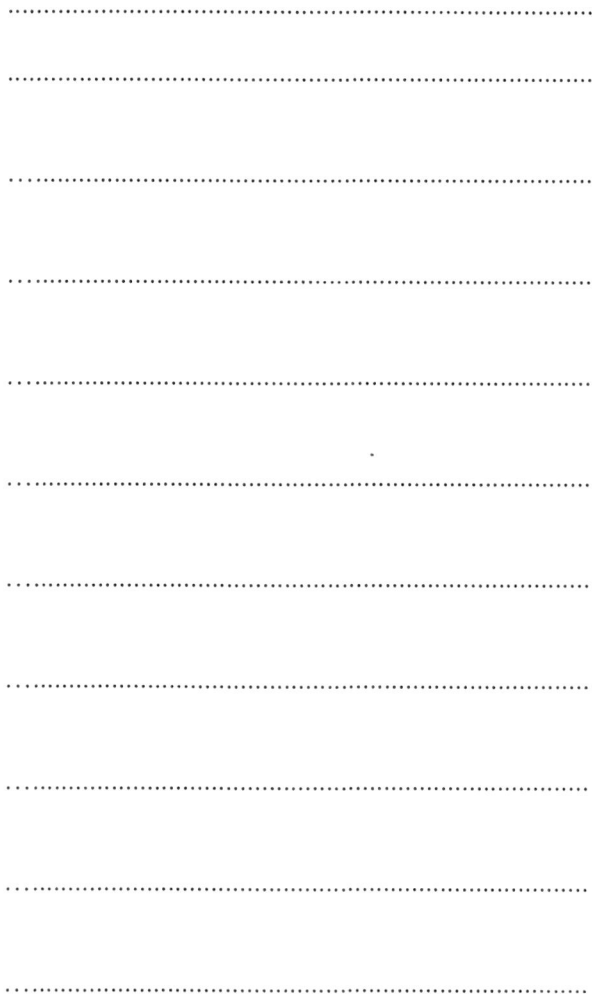

A partir d'un tableau d'art abstrait :

Texte :

....
....
....
....
....

....

....

....

....

....

....

....

....

CONCLUSION

Oui, l'écriture peut devenir un acte procurant du plaisir, de la satisfaction. Plaisir de créer une œuvre inexistante auparavant, qui vient dès lors s'inscrire dans la matière, du fait de la production d'une trace. Mais également plaisir ou sentiment de bien-être éprouvé à la suite d'une extériorisation d'une partie de soi, permettant de se sentir déchargé - et par là même allégé - d'un excédent mais également gratifié par ce qui a été produit.

Que l'écriture soit utilisée comme support principal de créativité ou liée à une activité plus personnelle et intime, ses pouvoirs sur la personne en font une expérience suffisament positive pour qu'il soit nécessaire de l'approcher. Les blocages d'entrée peuvent être facilement dépassés ; et une nouvelle passion peut alors naître.

L'acte d'écrire fera de vous une personne accomplie. Réveiller son imaginaire, décrire ses propres sentiments, se projeter dans d'autres univers permettent au psychisme d'être stimulé, de s'alimenter sainement.

Pour conclure, empruntons à l'écrivain et psychologue hongrois Mihaly Csikszentmihalyi les lignes suivantes, extraites de son ouvrage sur la créativité, la joie et le processus d'engagement : " la lecture et l'écriture de la prose produisent des bénéfices semblables à ceux de la poésie. L'écriture est négligée et dévalorisée de nos jours... Cependant, ce qu'il faut souligner, c'est que l'écrivain crée de l'information... Ecrire sans rémunération est considéré comme une perte de temps.... Il n'est pas moins important d'écrire pour des raison intrinsèques. Cette activité donne à l'esprit une discipline dans l'expression... Elle permet d'analyser et de comprendre son vécu, et enfin, peut s'avérer une source abondante d'expériences optimales. On entend dire que les écrivains et poètes souffrent souvent de symptômes sévères de dépression ou d'autres désordres affectifs. Peut-être sont-ils devenus écrivains pour combattre l'entropie psychique qui les menaçait sérieusement, l'écriture devenant pour eux une forme de thérapie qui leur a permis de vaincre la confusion de leurs affects.... Ici, il ne faut pas non plus réduire toute écriture à un mécanisme de défense... Cependant, il faut admettre que l'écriture peut aussi devenir une forme de dépendance.... L'écriture aide à contrôler l'esprit, il ne faut pas se laisser contrôler par elle ".

BIBLIOGRAPHIE

Astragal, Laure. *Atelier d'écriture : la méthode pour révéler l'écrivain qui sommeille en vous.* Ed. Larousse Poche. 2021

Barthes, Roland. *Le plaisir du texte.* Ed. le Seuil. 1973

Bobin, Christian. *Lettres d'or.* Ed. Morgana. 1987

Csikszentmihalyi, Mihaly. *Vivre.* Pocket. 2005

Ferraro, Alessandra. *Nom propre et écriture autobiographique chez Raymond Queneau.* Ed. Presse universités Montréal. 2011

Gallien, Claude-Louis. *Histoire plurielle d'un genre singulier.* Ed. PUF. 2002Horowitz, Elisabeth. *Le courrier therapie.* Ed. Jouvence. 2017

Nadeau, Jean Benoit. *Ecrire pour vivre.* Ed. Québec Amérique. 2021

Nadon, Yves. *Art d'écrire de puissants récits personnels.* Ed. Chenemière. 2019

Orsenna, Erik. *La fabrique des mots.* Ed. Livre de Poche. 2014

Pennebake, James W. *Ecrire pour se soigner.* Ed. Markus Haller. 2021

Zagdanski, Stéphane. *Le crime du corps. Ecrire, est-ce un acte érotique* ? Ed. Pleins feux. 1999

Editeur

© 2022 Jean-Luc Netter
Édition : BoD – Books on Demand,
info@bod.fr
Impression : BoD – Books on Demand, In de
Tarpen 42, Norderstedt (Allemagne)
Impression à la demande
ISBN : 978-2-3224-5420-4
Dépôt légal : Dezember 2022

www.bod.fr

jlnetter@yahoo.fr